小学语文单元整体教学设计的思考与探索

黄 颖 著

首都师范大学出版社

CAPITAL NORMAL UNIVERSITY PRESS

图书在版编目（CIP）数据

小学语文单元整体教学设计的思考与探索/黄颖著. —
北京：首都师范大学出版社，2023.5

ISBN 978-7-5656-7484-6

Ⅰ.①小… Ⅱ.①黄… Ⅲ.①小学语文课—教学设计
Ⅳ.①G623.202

中国国家版本馆CIP数据核字（2023）第058524号

小学语文单元整体教学设计的思考与探索
XIAOXUE YUWEN DANYUAN ZHENGTI JIAOXUE SHEJI DE SIKAO YU TANSUO

黄 颖 著

责任编辑　连景岩
首都师范大学出版社出版发行
地　　址　北京西三环北路105号
邮　　编　100048
电　　话　68418523（总编室）68982468（发行部）
网　　址　http：//cnupn.cnu.edu.cn
印　　刷　天津雅泽印刷有限公司
经　　销　全国新华书店
版　　次　2023年5月第1版
印　　次　2023年5月第1次印刷
开　　本　710mm×1000mm　1/16
印　　张　12
字　　数　201千
定　　价　60.00元

|目　录|

第一章　小学语文单元整体教学的理论支撑

第一节　小学语文整体教育思想

一、整体教育思想的源头及主要观点

20 世纪 70 年代末，"整体教育"的概念被美国教育家罗恩·米勒正式提出，同时，罗恩·米勒将"整体教育"的理论根源追溯至卢梭、裴斯泰洛齐、梭罗、爱默生等教育家和心理学家。1988 年，罗恩·米勒在美国佛蒙特州布兰顿市创办第一份以整体教育研究为宗旨的专业期刊《整体教育评论》。

我国教育家钟启泉在 2001 年发表于《全球教育展望》的《"整体教育"思潮的基本观点》，是国内较早全面译介整体教育的论文。此文重点介绍了整体教育的十大原则：人性优先、尊重每一个人、重视体验性学习、向整体教育转型、新型教师的作用、选择的自由、真正民主型社会的创造、全球教育、求得共生的生态型教育、灵性与教育，对整体教育进行了中国式的解读。钟启泉在 2003 年 10 月版《现代课程论》的第四章"人本主义课程范式及其超越"的第四节"整体教育论"中，从"整体教育的基本观点""整体教育的理论射程""整体教育的哲学基础"三方面，对整体教育进行了阐释。

有的学者把"整体教育"翻译成"全人教育"。刘宝存在发表于《比较

教育研究》2004 年第 9 期的《全人教育思潮的兴起与教育目标的转变》一文中，叙述了全人教育思潮的兴起背景、哲学基础等。谢安邦、张东海合著的《全人教育的理论与实践》一书，对全人教育思潮的产生与发展、思想基础与理论渊源，全人教育的基本主张，全人教育在基础教育领域的实践，全人教育在高等教育领域的实践等进行了阐述。可见，整体教育的理论和实践研究，已经引起学术界的重视。

整体教育关注人的生命成长，尊重人的潜能，促进人的整体发展，目标是培养"完整的人"，即躯体、心智、情感、精神、心灵力量融会一体的人。这也是整体教育的根本出发点。整体教育的课程注重"整合"与"联系"，支持跨学科和超学科的课程安排。整体教育的教学重视整合学习能力的培养，包括主题学习、价值观教育、通过艺术进行整合学习等。

整体教育是一种理想化的教育思潮，在实践中很难操作，所以，即使在它的诞生地美国也并未形成主流。整体教育理论还因为带有一种无法掩饰的神秘感，因此在现实的教育世界中受到冷落。要想让整体教育落地生根，不但要研究整体教育理论，还要深入研究如何在实践中运行。

二、整体教育的哲学原点

翻阅有关中国哲学的书籍，"整体"和"整体性"等字眼会频繁出现。中国哲学更重视"整体性"，重视"质"与"性"，从整体上感知外在事物，而忽略细节分析。汉民族思维的基本特征即是它的整体性，"天人合一"的境界就是整体思维的具体表现。

"天人合一"是人的内在与外在自然合二为一，形成一个整体，这是中国哲学的根源。按照中国传统思维，人的存在是精神和肉体的统一，即"形神合一""身心合一"的整体存在。这种思维在"天人合一"的基本模式中，不可能形成外向型的理智思维，而是内向型的自反思维，即通过自我反思、自我体验、自我直觉和自我证悟，实现主体意识同自然法则的合一，自我和自然本体的合一，构成一个整体系统。

从这个角度而言，人的发展都是整体的，是身体、心理、灵魂、精神协同发展的，这与整体教育的思维基础正好吻合。随着后现代理论的兴起，外国的哲学家也开始用"混沌"等词汇来解释现象。西方世界的哲学也从重视理性分析走向了感性的"直觉"。而中国哲学家一开始就特别重视认识世界与认识人自身的一致性，从不把人与自然、人与他人、人与自我对立起来。当中国哲学家处理思维与存在、人与世界的关系问题时，特别重视双方的统一。正是由于这个原因，"天人合一"才成为中国古代哲学的基本思路。后来，到王阳明时期，进一步发展为"知行合一"，都是在强调整体的和谐，这样人才能获得整体的发展。

从学习的角度而言，学习者要整体感知所学内容，然后整体思考，把所学内容与自己的个人经验相结合，并且不断地把获得的经验纳入思维的整体框架之中，使学习真正发生意义。整体课程以"单元"为基本的课程单位和教学单位，"单元"中的内容是以整体的形式呈现的，教师教学，学生学习，都先看到这个整体。一个"单元"就像一幅太极图，里面包含的内容是相互影响而又合而为一的。小学每一个学期的学习又是一个大的"单元"，最后构成 6 年 12 学期的更大"单元"。在细化学习的过程中，通过部分之间的联系思考整体，先整体，再部分，最后回到整体，这符合中国哲学的观念。

三、整体教育的校本化

（一）整体教育的结构体系

从框架上来看，我们认为"整体教育"包括以下一些内容：

一个核心目标——培养完整的人；

两条基本途径——阅读和实践；

三类课程模式——必修、选修、自修；

四方素养内涵——文化自信、语言运用、思维能力、审美创造；

五种教学模型——识字—朗读—写字—积累运用—读整本书—实践活

动、导读·理解—领悟·表达—读整本书—实践活动、自主探究—深入探究—应用探究—读整本书—实践活动、欣赏领悟—实践探索—综合应用—读整本书—实践活动、查阅资料—分类整理—研究策划—讨论演讲—成果汇报;

六项评价方式——自我评价、同伴评价、小组评价、教师评价、家长评价、参与人员评价。

(二) 整体教育的目标体系

1. 整体教育目标的细化

我们把整体教育的目标进行分解和细化,以"为生命奠基"为宗旨,以"明理、优雅、勤勉、向上"作为学生的个人修养目标,培养学生"自主学习、自我管理、自能教育、自由发展"的能力,养成"整洁、守时、有礼、有序"的行为习惯。

自主学习,就是能够主动学习、自觉学习,在学习方面有自己的目标,并随着学习进程的推进不断调整学习目标;能够在学习的过程中不断总结学习经验,使自己的学习能力不断增强。

自我管理,就是要具备基本的生活能力,在班级中、宿舍内,每个学生都能够管理好自己的物品、管好自己的生活、管好自己的行为。

自能教育,就是能够对自己的行为进行反思,在学习和生活中,不断提高自己。

自由发展,就是学校尊重每个学生的意愿,尽最大可能合理安排时间、调整课程,使所有学生有更多的自由支配时间和空间;提供多元性的知识,让学生在其中找到自己的兴趣;最终每个学生都为将来的发展打下坚实基础,实现自由发展。

自主学习和自我管理是能够在学生身上看见的,自能教育和自由发展则是整体教育的最高境界。

2. "自由发展"目标的细化

一是学生品质发展。学生具有基本的社会交往素养,能够懂得尊重他人，明确自己在社会中的位置。

二是学生行为发展。学生能够在实际行动中与人为善，能够做到"干净、守时、有礼、有序"。

三是学生心理发展。学生具备自信、乐观的心理，尊重多样性，能够与他人正常交往。

四是学生身体发展。学生有主动健身的愿望，能够熟练掌握一项体育技能，能够健康快乐地成长。

五是学生认知发展。学生获得综合的学科知识，能够打通学科之间的界限，凭借阅读等方式自己获取知识，能够在多种学习活动中获得认知能力的发展。

六是学生交往发展。学生能主动和人交往，懂得交往的一般礼仪，具有和人交往的能力；在课堂、校园、餐厅、校外等多种场所，能够正确表达自己的观点和诉求。

七是学生能力发展。学生的学习能力在学习过程中不断发展，能够学会学习，能够凭借经验进行归纳总结，能够对学习进行反思，对阅读材料能够做出解释和分析，学会信息的重整与延伸。

八是学生审美发展。学生能够欣赏和鉴别文字美、图画美、音乐美、运动美等，同时能够发现身边的美，能够感受美好的心灵；能够发现行动中的美；能够按照美的标准和要求改变自己的行为。

3. 学习能力目标的细化

学生在学校的学习以学习能力的发展为基本的衡量指标。因此，要把学习能力的目标分化到每个学科。例如，在一年级上学期的学习能力目标上，就可以分为语文要能借助拼音认识生字；能借助拼音读懂简短的故事和儿歌；培养正确的书写姿势和良好的书写习惯；能认识 400 个常用汉字，会写100 个汉字；能用普通话流利地读出注音读物；能简单地介绍自己，有表达自信；能写完整的句子；能有条理地对一幅图画进行描述等。

第二节　小学语文整体课程理论

　　自启蒙运动以来，理性精神清扫了课程领域的一切超验理想，人的精神、自由、主观性、想象力等带有超验色彩的词语逐渐被诸如"确定""精确""程序""效率""速度"等传统课程的主流话语埋葬，甚至否弃。这样的结果是整体课程被不断地分化，成为学科课程，课程离人的整体发展越来越远。

　　华东师范大学安桂清的专著《整体课程论》，在整体教育的基础上对整体课程进行了研究。其从整体教育的缘起和发展谈起，对整体课程的兴起、历史考察、理论基础、具体主张以及整体课程研究的评价进行了阐释。

一、整体课程理论的源头及主要观点

　　兴起于 20 世纪 80 年代末期的整体课程，是以扭转课程领域人的片面化生存状态为出发点的。整体课程以"联结、转变和超越"界定自身，通过谋求课程的统整、建构整体的教学、张扬艺术的价值、践行整体的语言和塑造整体教师等措施培育整体的儿童，从而探索一条培养"完整的人"的课程之路。

　　罗恩·米勒说："对实践整体教育而言，没有单一的方法。没有一种课程能够最好地表达整体主义世界观。"澳大利亚塔斯马尼亚州整体教育网认为整体课程是"受探究驱动的、跨学科的和整合的，基于相互关联、完整、多维存在等明显假设的课程"。《整体课程》的作者约翰·米勒说："整体课程在本质上关注人的经验之间的关联——身心之间的关联、线性思维和直觉认知方式之间的关联、学术性学科之间的关联、个人和社会之间的关联、个人的自我与超个人的自我之间的关联。整体思维整合了灵性观点和科学观点，采用了浪漫主义的、人本主义的和其他激进的世界观来取代现代的原子论世界观。"

可见，整体课程强调人的整体发展，以"联结""转变""超越"为主要特征。整体课程的特征既鲜明又模糊，因为它强调跨学科的整合和多维存在，尚不可能形成一种具体的课程形态。整体课程在本质上是一种对课程理想和愿景的表达，依赖于教师自身的观念和课程整合能力。因此，对一线教师而言，整体课程是理想化的存在，而不是可以效仿和拿来用的课程体系。这也是整体课程不能一下子在学校推广的原因。

二、整体课程的思维特点

人生活在世界上，所有行为活动都受哲学的影响。哲学是一种思维方式，就好比中国人思维方式的特点决定了中国人的生活方式、学习方式、行为方式。

中国传统哲学思维，不是把人与自然、主体与客体对立起来，由此，确定了中国哲学是主体思维，强调人的独立性和包容性。"无名，万物之始也；有名，万物之母也"，这句话就阐释了人与自然的关系，也突出了人作为认识主体的重要性。也正因为人是主体，人对客观世界的反映就显得尤为重要，因此，思维方式就以自我反思型的内向思维为主。

如果说，传统思维方式有一个最基本的特征，就是经验综合型的主体意向性思维。就其基本模式及其方法而言，属经验综合型的整体思维和辩证思维；就其基本程序和定势而言，是意向性直觉、意象思维和主体内向思维。二者结合起来，就是传统思维方式的基本特征。因此，中国传统思维方式的特征就是整体思维和内向思维的结合，以个人的思考与对外在的整体感知结合在一起，形成对世界的认识。

中国思维是整体思维，这种思维特点是在整体的基础上进行分析和判断，不过分追索细节，从而形成思考结果。整体思维更容易全面、正确地做出判断。单元整体课程呈现给学生的即是以单元为教学单位的整体，学生通过整体的材料，不断回归整体，做出自己的思考和判断。

单元整体课程强调课程内容的整体性，突出学习过程的整体性，突出课程评价的整体性，各部分之间又在一个整体之中。这种课程设计，符合中国人思维的基本特征。单元整体课程在设计和实施的过程中，教的不仅是内容，更主要的是结构，是知识形成的结构，是学习过程的结构，是学习能力的结构，是学生学习习惯的自我建构过程。这种结构化设计和实施与学生的思维特点相吻合，更有助于学生的整体发展。

三、整体课程的校本化

（一）整体课程的结构体系

整体课程是以"整合"为基本理念的课程框架体系。"整体"作为名词，是"整个的、一体的"，作为动词是"整合为一体的"。在课程内容的组织上，"整体"是"整个的、一体的"，在课程实施和课程评价的过程中，"整体"是"整合为一体的"。

整体课程首先强调思维整合，其次强调内容整合。思维框架与内容框架相互支撑，内容框架影响思维框架，思维框架影响行为模式，决定教与学的关系。

整体课程以学生学习能力和学科能力为基本整合点，把"教科书""读整本书""学科实践活动"融合在一起，既包含课程内容的选择，又包含课程的实施与评价。整体课程以能力的自我建构为学习的主要方式，在实施的过程中，避免陷入"功利性"的教育误区，充分尊重学生的主体性。整体课程坚持能力导向、能力首位、能力整合，而非能力至上。

（二）整体课程的细化

整体课程以家庭和学校为背景，以学生的能力为课程的显性目标，保证在学校层面的推广与落实。课程体系的目标也逐步从学科知识和学科能力转向人的整体发展。

1. 整体课程的领域

整体课程包括四个领域：文化课程、艺术课程、体育课程、生活课程。这样的划分是在原来分科基础上进行的初步整合。同时，拓宽了课程领域，把文化课的学习逐步拓展到了其他领域。

整体课程的内容体系以生活课程为基础，以文化课程和体育课程为两翼，以艺术课程为最高追求。生活课程培养学生基本的生活信念和生活能力，文化课程培养学生基本的思维方式和表达方式，体育课程培养学生的生命意识和健康体魄，艺术课程培养学生的哲学观念和审美能力。之所以把艺术课程作为课程的最终追求，是因为艺术能够实现最大程度的综合，是素养和能力的集中表现。艺术课程最大的功能是审美，这一课程对于学生的心灵发展非常重要。

2. 整体课程的实践操作

整体课程的内容，是以学习能力为整合点的教科书、整本书和实践活动的整合体系。整体课程实践操作的结构包括课程目标、课程内容、课程实施和课程评价。我们以小学一年级语文单元整体课程实施与评价体系为例，可以看到一个相对系统的整体课程的实施框架，见下表。

第一部分　课程目标

第一章　一年级上学期课程目标

第一节　教科书教学目标

第二节　读整本书目标

第三节　实践活动目标

第二章　一年级下学期课程目标

第一节　教科书教学目标

第二节　读整本书目标

第三节　实践活动目标

第二部分　课程实施

第一章　一年级上学期课程实施

第一节　教科书教学设计/人教版《语文》一上第一单元整体教学设计

第二节　读整本书教学设计/绘本故事《爸爸!》

第三节　实践活动教学设计/诗歌中的动物朋友

整体课程实施还有两条基本路径，就是阅读和实践。

阅读是以一本书为载体，不同学科从不同角度带领学生进行读书讨论。教师在这个话题下整合内容，培养本学科的基本素养。阅读就像是一座桥，让学生从教材出发，通过这座桥走向文化专题式的研究性学习，继而进入人类文化的浩瀚大海。

实践是引导学生在实践学习中获得积极体验和丰富经验，形成对自然、社会和自我的内在联系的整体认识；体验并初步学会问题解决的科学方法，具有问题意识，发展良好的科学态度、创新精神、实践能力；形成强烈的社会责任感，具有良好的个性品质。

第三节　小学语文整体教学方法

整体教学法，虽然在中国的传统教育中没有这样明确的提法，但是，整个中国的传统教育阶段基本都是以整合的方式在教和学。从学习材料上来说，是基本以整本书为主的教材体系；从学习方式上来说，是以自学内省为主的学习方式。

由华东师范大学出版社出版，比利时的易克萨维耶·罗日叶著，汪凌译的《整合教学法：教学中的能力和学业获得的整合》一书，是对整体教学方法的系统论述，可惜书中并没有对中国的整体教学法进行介绍。

一、整合教学法的源头及主要观点

整合教学法的建设逻辑与布卢姆的目标分类逻辑不同，它强调通过整合情境来发展学生的能力。整合教学法认为，学校教育应该把发展学生能力作为最终目标，让学生能够学会自主、积极地在社会中生活，努力把儿童发展和学校这一组织机构联系起来。

（一）整合教学法的核心目标

罗日叶将能力界定为："对于个体而言，（能力是）为了解决某一情境族，以内化的方式调动一套整合了的支援的可能性。"可以用公式表示为：能力=（素能×内容）×情境。

"素能"强调其潜在性或技能性，与能力区别开；"内容"不仅局限于学科知识，还强调方法论知识；"情境"是整合教学法的关键概念，情境对学生而言应该是意味深长的、有意义的，对某个能力的界定不是由单个的某一情境决定的，而是由一个情境族来决定的。

罗日叶在设计学习组织的时候，安排了局部学习时间和整合时期，也就是要设计分化和整合的不同学习阶段。

（二）"整合"一词的多种含义

"整合性方法"中的"整合"一词，是指对不同行为进行和谐性协调。

整合，不仅是一个静态的概念，也是一个动态的过程。静态的整合隐含着各种不同因素彼此相互依存。动态的整合是让彼此依存的所有因素运动起来，相互协调，以达到和谐运转的目标。

整合，还包含着聚焦的意思。意思是所有因素的运动并不是随意的，而是为了一个相当明确的目标，特别是为了产生某种意义。

整合，也可以界定为一种操作。通过这一操作，使不同的、最初分散的因素彼此相互依存，以让它们按照某一既定目的、以一种联结在一起的方式运作起来。

整合，从内容的角度，包括：不同文化的整合（文化间的整合）、不同种族的整合（种族整合）、不同年龄或代际的整合（跨代际整合）。

（三）作为学业获得的整合应用

学习者是学业获得整合的行动者，教师或同伴都不能取代学生本人进行整合。学业获得整合主要是一种个人活动。

学习本身的整合主要是学生在一个典型情境中调动不同的、相关的学业获得，这就是学业获得的整合或情境性整合。

对于学习者来说，通过项目、兴趣中心、主题活动来实现学业的获得，整合就是把不同的学业获得（具体的知识、概念、技能、规则、步骤、做法等）联结起来，以在情境中加以调动，特别是通过为学生提供"锚定点"，随后建立认知桥，赋予学习以新的意义。

整合教学法以尊重学生个体的主体性为基础，认为学校应该培养学生以内化的方式调动资源，学校教育应该与学生所处的环境联系起来，使学生从中找到意义所在，从而为之行动起来。

在此基础上，从宏观角度来说，整合教学法有利于促进学校教育的合理、有效和公正。所谓合理的教育，意味着使学生更适应当今社会的要求；所谓有效的教育，意味着学生整合获得更大的成功；所谓公正的教育，意味着优秀生和差生之间的差距得以缩小。这是整合教学法的理想，也是学校教育的理想。

二、整合教学的学习重点

中国人的思维具有强烈的实践特征和经验特征，重视个人的实践和经验，属于实践理性思维。这种思维方式体现在学习过程中就表现为"内省式学习"，也就是自我反思式的学习，如朱子读书法中提倡的"熟读精思""虚心涵泳""切己体察"等。

传统蒙学教育的主要内容是进行初步的道德行为训练和基本文化知识的教学，以识字、写字、背书为主。每日功课一般是背书、授新书、作对、写字、读诗以及一系列道德行为规范训练。这些训练以学生的积累和个人反思为主，主要是学生自学。概括起来，有以下三种方式：

重视自读感悟。"师傅领进门，修行在个人"，贯穿古代整个教育体系，不管是哪级哪类的学校，都强调读书人个人的作用，教师只起到引导作用，很多时候，都是"先生教出一批超过自己的学生"。读书人的苦读，是为了量的积累，以期达到质的变化，有一天忽然茅塞顿开，成为一个有思想的文化人。

重视相互学习。"三人行必有我师""独学而无友，则孤陋而寡闻"是对读书人的告诫。所以，在古代的书院制度中，就有学长帮助学弟的规则，不同的人之间可以相互交流。

重视专家引领。书院制度中，有"会讲"制度，这是不固定的，大概几个月进行一次。由学问高深的人进行专题讲座，可以是书院的"山长"，也可以是来此访学的"高访"，更可以是专门请来的"专家"。有时候，还要进行高手之间的"对决"，让所有弟子观摩。比如，朱熹和陆九渊的论辩：陆九渊主张心学，朱熹主张理学，两人进行过多次辩论。第一次是"鹅湖之会"，这次参加的弟子不多。第二次是"南康之会"，淳熙八年（1181 年），朱熹知南康军，二月，陆九渊访朱熹于南康，朱熹请陆九渊登白鹿洞书院讲习。观摩这次讲学和论辩的弟子就很多了。那些心中揣着疑问的学子们，就可以在这样的场合获得解释。如果还不能理解，那就回去继续读书。

这种传统的学习方式，把人的主动性充分发挥出来，学习不仅要积累，而且要思考，思考才是学习的重要方式。但传统的学习方式过于重视思考，而轻视行动。

单元整体教学，则不同，它立足以中国哲学为基础的整体教育理论，以整体课程为基本的结构框架，以整体教学为基本的实施方式，促进学生的整体发展。

三、整合教学法的校本化

（一）整体教学的结构体系

整体教学和整体学习是联系在一起的，关联性不仅是在知识的获得上，更在思维层面上。整体教学强调学习是具备整体性特征的，这个整体包括整体的学习情境、整合的学习内容、完整的学习过程，最终指向学生的整体发展。

整体教学的实施，要落实三个基本原则。

第一，以单元为基本教学单位。

教师在进行教学设计的时候把一个单元作为一个整体。如，语文学科把教科书的一个单元中的几篇课文作为一个整体，不再一篇篇地教；数学学科要强调单元各个部分之间的结构性。教学中加入的"读整本书"，本身就是整体的，也要服从单元学习的整体。学生在学习一个单元的时候，不管是预习、学习还是复习，都要在整合的情境中，从整体的角度学习。

第二，以整合为基本教学理念。

将教科书、读整本书、实践活动统一整合在学生能力中。整体教学就是要建立联系，如语文识字教学，字与字之间绝不是没有联系的，它们能搭配成词语，可以让学生对这些词语进行分类，再汇报怎么分类的。

在这个过程中，教师强调思维的连贯性，强调字与字之间的相互联系。这就是从思维的角度进行联系和整合。

第三，以探究作为基本学习方式。

探究式学习，学生可以自主参与到学习活动中。在整体教学过程中，学生的学习目标聚焦于能力的培养，为完成某个学习任务，充分经历学习过程，自己建立联系，做出选择。

每个学科的学习都要经历学科思维和学科表达两种训练，一是内在的，二是外在的，因为学习结构的相同，学生能够逐步从多个学科的学习中探索到学习的一般性规律，从而学会学习。

（二）整体教学的实施体系

整体教学的实施，以基本的教学模型来完成。基本的学习结构是：个人自学—同伴互助—延伸学习。学生先充分自学，再和老师同学一起学，最后是延伸领域再自学。这个结构以培养学生自学能力为主。

不同的学科有不同的教学模型，在课堂教学中，又以课型为基本的表现形式。学科内的整合，就是罗日叶所说的局部学习时间。教师再安排进一步的整合学习，如主题阅读课程、主题实践课程等，让学生在新的整合情境下，经历学习过程，总结学习的一般规律，这就是罗日叶所说的整合学习时期。

教学模型是从教师的角度而言的，偏重于教。单元整体教学强调学生的学习，还需要有学习单和整合的作业设计。

1. 跨学科整合

跨学科整合的课程，我们称之为阅读课程和实践课程。其基本教学模型是：参与—体验—整合—创造。

实践课程中，戏剧课是重要的一部分，用经典的戏剧提升学生的文学水平，提高学生的审美能力。戏剧作为课程，需要慢慢积淀。我们希望所有的戏剧都固定下来，不同的年级有固定的剧目，学生到了这个年级就排演这部剧，不同阶段的学生在学校留下相同的文化印记。学生对学校的共同记忆，其中之一就是校园里戏剧的场景和人物。不同届的校友在毕业多年后相见，便可能会因为曾经饰演过相同人物而一见如故。以四年级的戏剧课程为例，排演《巨人的花园》，语文教师带领学生读课文及原文，然后进行讨论，熟悉书中人物，领悟作者塑造人物的方式方法；戏剧教师带领学生排演这部戏剧，通过对人物的表现，理解人物，加深文学审美；英语教师和学生一起排演英文的《巨人的花园》戏剧，学生参与角色设计，设计人物形象，设计人物台词，设计场景等。一部戏剧的排演，三个学科的教师参与，学生经历一部经典作品的排演过程，会受到文化的熏陶，会提升语言的素养，会增加团队合作意识……

学生在戏剧角色扮演中，还可以发现自己的潜能，同时，也逐渐改变他们对周围世界的看法。他们从最初的参与者，发展为演员、观众、导演、剧作家、舞台设计时，体验百味人生，为学生开启第二重生活，真正为学生聪慧与高尚的人生奠基。戏剧课程，不仅给学生提供了表达的空间，更促进每个儿童核心价值观的塑造与核心素养的提升。通过"参与、体验、整合、创造"，让学生在未知的世界遇见未知的自己，有一种别样的体验。

2. 作业设计整合

2021 年，"双减"政策出台，在《关于进一步减轻义务教育阶段学生作业负担和校外培训负担的意见》和北京市委办公厅市政府办公厅《北京市关于进一步减轻义务教育阶段学生作业负担和校外培训负担的措施》中，都对学生的作业提出要"全面压减作业总量和时长，减轻学生过重作业负担"的要求。

《中小学语言类作业指导手册》中也指出："作业是学生学习过程中不可缺少的组成部分，作业的设计要与学生的学习目标一致，为达成学习目标而服务。"一般来说，小学语文学科的学习目标可以分为：知识类、习惯类、情感类、态度类、方法类和能力类。根据学习目标达成的需要，小学语文学科的作业可以分为四种主要功能：巩固积累、实践运用、习惯养成、拓展延伸。教师在设计作业时，要根据作业的功能类型进行有的放矢的设计，确保作业能够达到深化学习的目的。

由此可见，作业，是课堂教学的延伸，有助于巩固和完善学生在课内学到的知识、技能，并培养学生的独立学习能力和学习习惯，是链接教学与评价的重要桥梁。"双减"背景下，教师不仅要更好地发挥课堂主阵地的作用，而且要加强对作业设计与实施的研究，把控作业数量，提升作业质量，使作业真正为学生的发展服务。

整合作业设计，是给学生一个具体的学习任务，让学生通过完成这个学习任务，实现整合的学习。最后的成果是能够展示、能够检测的，学生通过对照作业要求和他人作业，就能知道自己作业的水平。

如，统编教科书语文三年级上册第四单元阅读策略单元整体教学，我们设计如下的整合阅读和作业设计。

单元整合作业："预测——让阅读之旅充满乐趣"

首先，基于对"双减"政策以及对市基教研中心发布的《中小学语言类作业指导手册》的学习和思考，我们想要以作业为切入点，深入研究如何推动学生持续学习、深度学习，打通课内外的关联。结合2022版《语文课程标准》，我们越发觉得要通过推动学生持续学习、深度学习，最终指向核心素养的养成。

再看本套教材，统编版小学语文教材中不仅安排了4个特殊的阅读策略单元，而且还在其他单元中强化了阅读策略的学习过程，因为学生阅读能力的养成要靠持续的语言实践来内化成自主的能力。

"持续、实践、自主"成为教学设计的思考起点，也因此我们结合学生学习特点的单元学习手册应运而生，作为学习内容的载体，我们力求打通课内外，唤起学生持续的阅读实践，在运用实践的过程中激发阅读兴趣，提升自主阅读能力。

本单元以预测策略为主线进行整体编排，单元学习内容之间相互关联，突出训练目的的递进性和发展性。第一篇课文是学习的范例，通过旁批，初步学习预测的基本方法；后面的两篇课文引导学生主动运用学到的预测方法，加强实践；习作《续写故事》则是引导学生将自己的预测用文字表达出来，进一步练习运用预测策略。本单元教学要遵循层层递进、螺旋上升的原则，引导学生从学到用、用中提升，通过实践与运用，掌握预测策略，感受阅读乐趣，这是学生学习本单元的基本路径。

　　依据教材编排特点、教学目标以及学生学习的实际需要，我们对本单元课时分配进行了适当调整。如：增加《夏洛的网》导读课，将其与语文园地中的"交流平台"进行重组；将口语交际后置、习作提前，习作与阅读教学相衔接，更有利于学生巩固运用预测策略。加入拓展阅读交流的环节，是为了对前面课时中布置的课后作业进行反馈、指导与评价。这样的调整，强化了学生学习的持续性、实践性和主动性。

　　学习是生命个体在整体情境中动态体验的过程。这些教学模型的基本点是学习能力，创设整合的情境，突出实践体验，最终发展学生的能力，提高学生的素养。

第二章 小学语文单元整体教学的结构形式

第一节 小学语文单元整体教学课程的意义

《义务教育课程方案》（2022 年版）指出语文教学要"探索大单元教学"，在改进教育评价中提出促进"教学评一体"。这为"大单元教学""教学评一体"进一步探索、尝试和完善提供了有力的政策支持。

其实，语文学科的单元教学本身就离不开综合性，如内容综合、目标综合、方法综合、过程综合。它以提高学生学习效率为出发点，通过整合教学内容形式教学，将学段总目标分解到各个教学单元之中，体现教学的连续性、整体性和针对性，并选择恰当的教学方法，最终实现优化课堂教学目标的目的。

实施单元教学改变以知识传授为中心的传统课堂教学，借助单元设计，构建知识与认知体系，培养学生语言文字的运用能力，综合实践能力得以发展，形成语文学科的思维方式和思想方法提升学科核心素养。从低年级开始我们就尝试整合单元内容，整合国家课程及校本课程，将我们的语文学习不断延伸。

一、主题单元教学设计符合学生核心素养发展规律

（一）整体性

小学生善于模仿，思维活跃，而我们小学语文教师往往倾向于知识点、

识字、阅读、习作单方面能力的培养，学生在零零散散地学习知识点的过程中，因知识过于理论化、单一性，会降低学习兴趣，容易产生思维定式、厌烦心理。

（二）有效性

单元整体教学活动的开展是以整个单元为教学范围，单元教学的过程中从学生学习活动出发，对学生进行识字教学、阅读教学、口语表达等情景化实践学习活动，以此来完成语文教学。通过此种单元整体教学可以大大提高教学效率，提升学生综合能力。

（三）综合性

"语文是实践性很强的课程"，应着重培养学生的语文实践能力，而培养这种能力的主要途径就是语文实践活动。综合性学习超越了书本学习和课堂教学，强调学生的实践活动和亲身经历，引导学生在生活实践和社会实践中学语文、用语文。可以说，对语文综合性学习而言，实践是第一位的，强调的是学生的亲身经历、直接体验，去发现问题解决问题，能在多学科的交叉中体现语文知识和语文能力的实际应用，促进学生素质的全面提高。单元整体教学是教师有意识地组合教学资源，充分发挥这些教学资源作用的一种教学策略。也就是说，教师在对学生进行语文学习活动的过程中，应当根据当前学生的学习情况、教学要求，对教学资源进行有效整合，对学生进行整合教学，这不仅可以完成教学任务，还能够扩大学生的学习视野，发挥学习资源的作用，但更重要的是学生综合能力的发展。

二、主题单元教学实施促进学生核心素养能力提升

（一）学习主题与语文要素并行夯实单元基础

单元学习中不断推进识字、写字，阅读与表达能力共同提升，符合学生学习特点，这样不仅在知识方面为学生打好基础，而且在学习兴趣，学习方法和学习习惯等方面也做到了将基础夯实。

（二）自主识字与课内外阅读并行促进能力提高

单元主题学习整合了课内的教学资源，引导学生学习单元内容，课内学习让学生接触到了大量识字和写字的方法，同时在学习过程中拓展学生的阅读空间，引导学生多渠道大量阅读，将课内外阅读相结合，学生的阅读由课内转向课外，通过提升阅读总量，发展语言文字的理解和运用能力，实现语文素养的全面提高。

（三）语言表达与生活实践并行推动思维发展

《义务教育课程方案（2022年版）》指出："加强课程与生产劳动、社会实践的结合，充分发挥实践的独特育人功能。"起步阶段的语文教学，尊重儿童准确把握儿童身心发展的特点，致力于提高学生语言文字理解和运用能力，重视积累的同时强化运用，体现了语文学习的综合性和实践性。主题活动设计灵活多样，在教学中引导学生在真实的生活情境中学习语文，运用语文，并指导他们将语文学习成果运用于生活，不断丰富自己的生活经验，用学习的语言去表达，让思维不断发展。

第二节 小学语文单元整体教学课程体系建立过程

小学语文单元整体教学课程体系的建立是在国家课程设置的整体规划下，以培养完整的人为价值理念，以学生能力发展为核心目标，以单元为基本课程单位，在由多个单元相互关联组成的整体课程框架结构下，按照一定的操作模型加以实施，依照能力目标的达成度不断调整的动态系统。

整个体系的建立过程围绕着如何把先进的理念变为学生学习的实际获得。我们从小学语文单元整组教学开始，从美育切入，演变为小学语文单元整体教学研究，经过实践探索推广到各学科，成为单元整体课程。

在教学课程的建立过程中，我们首先组织学科教师进行课程大讨论，参照国家义务教育语文课程标准（2022年版），围绕核心素养（学生通过课程学习逐步形成正确的价值观、必备品格和关键能力），体现课程性质，反映课程理念,将课程目标细化,设计大体教学程序,从整体教学走向整体课程。

其次,我们确立了小学单元整体课程实施与评价体系,以课程目标、课程实施、课程评价的方式编写学科课程方案,成立单元整体课程研发中心,专门负责课程研究,在学校整体推进,组织多次校内研讨活动,落实学科课程的实施。同时,不断修订各学科课程实施与评价方案,邀请多位专家到校进行研讨,提出建议,课程实施框架趋于完善,具备了教学模型。

在整个小学语文单元整体教学课程体系的建立过程中,我们的设计类型如下:

一、课内基础单元整合

(一)平行推进

以平面角度式构成的单元中,每篇课文都有各自贴合语文要素的角度,课文与课文之间的关系是平行的,彼此不分上下先后。

比如:统编教材一年级上册第六单元内容围绕"想象"这个思维技能,编排了《影子》《比尾巴》《青蛙写诗》《雨点儿》4篇课文。所选课文用词精炼,想象丰富,文体多样,适合一年级孩子进行相关的语言训练与生活实践拓展。园地中口语交际《用多大的声音》教会学生知道根据场合,用合适的音量与人交流是文明有礼貌的表现。注重朗读训练是单元相同的目标,读中整体把握文本内容,认识逗号和句号是本课语文基础知识点。《比尾巴》和《雨点儿》中都有问答的形式,要读好疑问句和陈述句。《青蛙写诗》中有小蝌蚪等多个角色说的话,《雨点儿》中有小雨点和大雨点两个角色的对话,教学中可以创设情境,引导学生读好角色说话的语气。本单元我们围绕主题,从朗读训练与语言训练两个语文要素,进行单元整体设计,展开层次有序的教学。统编教材特别重视朗读,它不只是笼统地提出"朗读课文",而是针对文本个性,提出朗读的不同要求。所以,我们在研究整个单元教学时,把针对文本个性和课后练习中提出的朗读要求,作为教学重点，并行推进朗读训练。

（二）训练递进

以立体递进式构成的单元，课文各自所处的顺序位置不能更改，各篇课文之间有着递进的逻辑关系。

统编教材四年级上册第六单元课文是围绕"童年美好的回忆"这个主题进行编排的，主要由《牛和鹅》《一只窝囊的大老虎》《陀螺》三篇精读课文组成，目的是使学生感受到童年的快乐，以及懂得一些做人的道理。教材中的语文园地还指导学生学习一边阅读一边批注的读书方法。

学生经过三年级一年的学习，对于阅读文章的方法有了一些经验，但是，对于感悟课文、理解内容、品味语言、领悟写法、陶冶情感、受到熏陶等方面的深层理解还需进一步提高。对于新方法"运用批注进行阅读"，学生之前没有正式接触过，对于他们来说，怎么批注，批注什么是他们学习的难点，学习以递进式学习为主，需要老师充分的指导和学生不断的练习。

（三）学练结合

以这种方式构成的单元，先通过第一篇课文（精读课文）将方法教给学生，再安排几篇课文（通常以略读课文的形式出现）为学生提供练习的空间。

比如：统编教材六年级下册第四单元和第五单元从内容上看：

1）两个单元中的课文都是写人的。

2）通过对人物语言、动作、神态体会人物内心。

3）学习这些描写人物的方法，具体表现一个人的特点。

整合两个单元内容，从学习的过程看，第四单元学生通过这样的方法去阅读体会，第五单元是引导学生运用学习的方法进行写作。

二、课内外拓展主题单元整合

（一）整合阅读

提高语文学习效率，提高语文教学质量，通过课内和课外有阅读有机结合，让学生将课内的阅读影响到课外的阅读，用课外的阅读丰富课内的阅读，从而提升学生的阅读力。

统编教材五年级上册第三单元以"民间故事"为主题，从内容上看，本单元课文紧紧围绕民间故事展开，安排了一系列阅读民间故事的活动，旨在激发学生对这一民间文学形式的喜爱。通过研读教材，抓住本单元教材内容的特点，在教学设计时可以尝试进行调序、合并、呼应以及贯穿。我们以"读故事，讲故事"为贯穿本单元学习的线索，找到三篇课文与本单元语文要素的结合点，按照指导方法进行训练，灵活调整单元内各个板块的顺序，将本单元组织成一次语文综合性学习活动。

我们提供了一个相对独立的学习生态化空间，学生是这个空间的主导者，学生具有整个活动绝对的支配权和主导权，能够以自我和团队为中心，推动活动的进行。在这个过程中，学生更谋求独立完成整个活动，而不是聆听教诲和听取指导。教师在综合实践活动这个生态化空间里，只是一个绝对的引导者、指导者和旁观者。

（二）研究发现

学生在学科领域内或现实生活情境中选取某个问题作为突破点，可以通过质疑、发现问题；通过调查研究、分析研讨，解决问题；通过表达与交流等探究学习活动，获得知识，掌握方法。

统编教材六年级下册第五单元以"科学发现的机遇，总是等着好奇而又爱思考的人。"为主题，在这样的一个主题引领下，老师带领孩子们的学习以研究探索发现为主要活动内容，将课文的学习与课外的探究融合在一起。孩子们通过问题的提出，大量科普文章的阅读，发现规律，提出问题。比如：恐龙的演变带给我们什么思考？未来学校的设计等，培养科学思考问题的素养，孩子们据此获取大量的信息，从而从调查研究到最后的分析解决问题和创造性的设计相关的活动过程就是一个很好的探究性学习大单元教学活动。

（三）方法实践

实践的基本主体是人，语文学习方法的实践是基于语文基本能力学习和培养，发展语文学科核心素养的过程，其规律就是学生科学学习的规律。

小学阶段是儿童发展的关键期，对其阅读能力的形成具有重要意义。统编教材从三年级开始，每个年级编写一个阅读策略单元（三年级：预测；四年级：提问；五年级：提高阅读速度；六年级：有目的的阅读），可以帮助学生形成良好的阅读习惯，提高自主阅读的能力。

三年级上册第四单元是"预测"，旨在引导学生学习并掌握基本的"预测"阅读策略，借助阅读策略开展阅读，培养学生运用阅读策略的意识，成为积极的阅读者。

预测是一种思维技能，是读者在阅读过程中根据已有的信息对文本的情节发展、故事结局、人物命运、作者观点等方面进行自主的假设，并在阅读过程中验证，如此反复假设验证，不断推进。儿童在阅读的时候，有可能无意识地运用这一策略，通过预测单元教学，引导学生将这种无意识思维活动转变为一种有意识的阅读策略，在阅读过程中主动预测与修正，使学生在阅读中更具有互动性和思考性，提高其阅读理解能力。这也落实了《语文课程标准》提出的："培养学生具有独立阅读的能力，学会运用多种阅读方法。"

本单元体现整体把握，层层递进。预测阅读策略单元围绕学习并运用预测的一些基本方法编排，要树立整体的教学观。了解单元内容之间的联系，把整个单元看成一个有机的整体，教学目标层层推进。

在研读教材的基础上，我们设计了单元整体的教学思路，如下："精读课文《总也倒不了的老屋》——学习预测的基本方法；略读课文《胡萝卜先生的长胡子》——练习预测（结尾、课后习题）；《不会叫的狗》运用预测阅读——独立预测（预测结尾）——交流平台，梳理总结，习作创编故事（对预测策略运用的延伸与提升）。

三、跨学科单元整合

将多学科内容，整合进小学语文单元教学，有利于提高课堂教学效果，对提高学生学习语文知识的兴趣和积极性有广泛的意义，同时能够提升学生语文综合素养的形成。

我校的"探秘海洋"单元整合跨学科课程融合了语文、数学、科学、美术、道德与法治、音乐等多学科基础知识和基本能力。学生结合各学科学习在学习任务单的指导下和家长一起走进图书大厦，上网查阅资料。和同学、老师一起"走出去"，到海洋馆、海洋气象局等，实地体验、调查、采访、感受；"请进来"，我们把海洋专家、科考队员请进学校，亲自为孩子们上课，孩子们在专家、名人的指导下学习、实践。这种基于情景化、问题化的"项目制"学习方式，我们认为是未来课程深度融合实施所需要的主要学习方式之一，能让孩子们在学习中，在对问题的追寻中，慢慢形成一个知识结构——从低结构到高结构，从单学科的结构到跨学科的结构，从认知知识到识知真实的世界。在这过程中我们与海洋的距离越来越近，学生切身体会到科学就在身边，看得见，摸得着，感受到人类对海洋的探索没有止境，孩子们对于海洋文化的热爱更是油然而生。海洋无边，"海洋"让我们跨越学科，做到了课堂无边界，学科无边界，资源无边界，时空无边界。

结合一年级上册第八单元的主题，我们在跨学科研究中设计了"海洋，你好！——我们去看海"跨学科主题实践活动，其中完成了教材中《明天要远足》《项链》两篇课文学习，补充《我们要看海》拓展课。之前学生们走进海洋馆，参与海洋科普活动，通过绘画、音乐、科学等实践活动展开融合学习，活动中学习资料选材丰富，内容贴近儿童的生活，语文学科中《明天要远足》，有成长的点滴，也有去海边玩耍的快乐，而《项链》充分体现了人与大海之间和谐相处的画面，《我们要看海》则是对这一主题内容阅读的丰富拓展，让孩子们与日常的生活相联系，课内外阅读相关联，谈自己的情感体验。孩子们感悟到大海赋予人类的馈赠，以及人类对大海的热爱，这种人与自然的和谐共处对学生热爱自然、热爱生活产生了潜移默化的影响。

第三节　小学语文单元整体教学课程的主要内容

一、课程目标体系

单元整体课程的整个架构是按照学期、分阶段实施的。单元整体课程的目标设计，我们在制定的课程标准的基础上，结合教学实际情况，把课程目标进行了细化和具体化，按照小学 6 年 12 个学期的方式进行编排，每个学期的课程目标、课程实施、课程评价都一一对应起来。

课程目标的细化和具体化，对一线教师而言，要能够更清楚地把握目标，明确年段特点，可以让所有年段的教师按照不同的目标来教学，从而实现教学的序列化。目标的细化，既突出了阶段性，也突出了整体性，让所有教师都能够看到小学阶段的最终目标。在实际教学中，教师就能够准确定位某个单元、某个课时的教学，不至于千课一面，也不至于偏离目标。

课程目标围绕核心素养内涵、课程总目标，学段要求，从四个方面入手：一是学习能力，二是学习习惯，三是学习策略，四是学习量。如，读整本书的课程目标，不但做了数量上的规定，做了学习习惯的规定，更重要的是在不同年段都有了阅读与鉴赏中阅读策略和阅读能力的要求。

例如我们规定：

一年级上学期，在读图画书的过程中，借助读物中的图画，能在适当的地方停下来，培养猜读能力和想象能力。

二年级上学期，能够运用一年级积累的方法阅读图画书。能够理解阅读内容，有自己的情感体验，用自己喜欢的方式向他人介绍读过的书，乐于与同伴分享。

三年级上学期，能复述叙述性作品大意，就自己喜欢的人物做简单的交流，初步感受作品中生动的形象和优美的语言。

四年级上学期，能够对书中不理解的地方提出疑问，并能从书中找出相关支持内容。

五年级上学期，能够运用恰当的阅读策略阅读不同文体的文章；培养独立阅读能力。

六年级上学期，阅读人物传记、科普类作品，了解作品的特点。能运用略读、快速通读，确定主题。运用浏览方法找到具体事实或细节，说出自己的喜爱、憎恶、憧憬、向往、同情等感受。

从上面的例子可以看出，我们对 12 个学期课程目标进行了细化和具体化，细化了课程标准中的阅读方法和要求。这样的划分，不同年段的目标既有区别又能相互联系。

二、课程内容体系

每个学科都可以拟定教科书单元、读整本书和学科实践活动对照表。以教科书单元为起点，对应整本书的书目和实践活动名称，体系更加完整清晰。以某个能力点整合三部分内容，实施课程。

在实施了一段时间以后，最好能把阅读课作为一门重要的课程来设置，以学生阅读能力为核心目标，精选整本书进行阅读课程设计。由各学科教师兼任阅读教师，或者专门建设阅读教室，设置专任阅读教师，将多个学科的读整本书整合为阅读课程。

三、课程实施体系

课程实施需要一种教学结构来支撑。以下表语文学科为例，可以建立以下教学结构，从目标、内容、过程三方面定型教学。

语文学科单元整体教学结构						
教学目标		教学内容			教学实践	
核心目标	常规目标	教科书	整本书	实践活动	识字＋朗读＋写字＋积累运用＋读整本书＋语文实践活动	导读＋理解＋领悟＋表达＋读整本书＋语文实践活动
语言文字运用	字词理解、朗读等	学习规范的现代白话文	思维发展，语言发展，精神陶冶	言语实践，发展语言		

在实际教学中，我们在每个学科都确定了低、中、高年段的教学设计模板，教师按照这样的模板进行设计和教学。每个环节增加设计说明，通过设计说明明确设计目的以及操作形式。这样，教师不但知道怎么教，而且知道教到什么程度和为什么这样教。事实证明，设计这样的教学模板，教学目标更加清晰，学习进程把握得更加准确。下面即是我们的小学语文单元整体教学模板。

××××××

——（　）年级（　）册第（　）单元整体教学设计

内容简介

总体构想

第一部分：教科书教学

      模块一

      模块二

      模块三

      模块四

第二部分：读整本书

第三部分：语文实践活动

学习目标（识字能力、朗读能力、表达能力、写字习惯、读书习惯等）

第一部分　教科书教学设计

低年段

模块一　识字

（识字方法的指导和识字活动的设计）

模块二　朗读

（不同标点符号代表不同的语气）

模块三　写字

（书写姿势、笔画顺序与写法指导）

模块四　积累与运用

（写话能力、表达能力）

中年段

模块一　导读

（激发兴趣，用图片、视频、搜集资料激趣，确定主题，自读课文）

模块二　理解内容

（概括、重整、归纳、分析等阅读能力的培养）

模块三　领悟表达

（修辞方法、精彩片段的欣赏）

模块四　口语交际与习作

（片段的训练、由段到篇的过渡）

高年段

模块一　预习

（重在自主预习）

模块二　理解内容

（探究、评说、归纳、浏览等阅读能力的培养）

模块三　领悟表达

（评鉴、表达能力）

模块四　口语交际与习作

（评价、修改能力、运用语言的能力）

第二部分　读整本书教学设计

低年段

《　》读书交流会（或导读）

内容简介（内容摘要、故事梗概）

阅读目标（观察、欣赏、表达、想象、复述、读书方法、评价等能力）

活动准备

学习过程

一、读前活动

二、读书（师生同读）

三、交流与体验

四、拓展活动

中年段

《　》读书交流会（或导读）

内容简介（包括作者介绍）

阅读目标（概述、复述、重整、合理想象能力）

活动准备

学习过程

一、活动设计

二、话题交流

三、拓展活动（延伸活动）

高年段

《　》读书交流会（或导读等）

内容简介（时代背景）

阅读目标（评鉴、欣赏、创造的能力）

活动准备

学习过程

一、话题交流

二、活动设计

三、拓展阅读（推荐书目）

第三部分　语文实践活动教学设计

低年段

活动目标（重在培养兴趣，培养学生的观察、想象、识字、表达、动手等能力）

活动准备

活动过程（以活动为主，重在体验）

一、××××

二、××××

活动延伸（成果展示、活动后的设计）

中年段

活动目标（培养学生的感悟、表达、整理、设计、创作、审美等能力）

活动准备

活动过程（以活动为主，重在探究、感悟，培养学生感悟、表达、整理、观察等能力）

一、××××

二、××××

活动延伸（成果展示、活动后的体验）

高年段

活动目标（自主活动，培养学生的沟通、表演、合作、组织、重整信息的能力）

活动准备

活动过程（以活动为主，重在表演、探究）

一、××××

二、××××

活动延伸（成果展示、活动后的体验）

设计模板只是起点，是一个基本规范，教师可以根据课程目标和教学实践，在统一结构下设计出自己的特色。

四、课程评价体系

对单元整体课程实施情况的评价影响到课程实施的深度和广度。一线教师和家长的关注焦点原本就是学生成绩，如果单元整体课程不能解决学生成绩问题，势必在学生、家长、教师层面遇到阻力。因此，要充分研究单元整体课程的评价方式。

课程评价分为过程性评价和终结性评价。过程性评价以表格的形式呈现，包括个人自评、小组互评、教师评价三种基本形式。学生个人评价放在第一位，强调学生个人对学习过程、学习习惯、学习能力的评价，通过这样的评价养成反思的习惯，培养主动学习的能力。评价内容以学科能力和学习习惯为指标，这些学科能力和学习习惯是学生自己能够测量的。把可检测可操作的内容放在这里，增加学习评价的有效性。终结性评价以"样题"的形式出现。实施过程中，终结性评价以"现场测试"和"纸笔测试"结合的方式进行，比如，语文测试要考查朗读、背诵，英语测试要考查口语交流。纸笔测试以考查学生的学科能力为主，如，语文学科的听力、阅读能力、习作能力，数学学科的探究能力、思维能力等。这是在尝试的一种方式，每个题目后面都附有设计说明，说明考查的目的和指标。

（一）建立以学科能力评价为核心的评估体系

语文、数学、英语等学科采取纸笔测试和现场测试结合的方式。纸笔测试的试卷突出测试学生的学科能力。如，阅读能力测试中，吸取国际阅读能力测试的优点，对学生多学科的阅读能力进行测试。音乐、体育、美术、信息技术、形体等学科，测试学生运用所学技能去表现的能力，鼓励学生自己想象，自己创造。

为了让学生、家长和教师都能清晰了解各个学科的能力目标，我们设计了《各学段学习能力目标简明手册》，对 12 个学期每个学科的学习目标进行说明。

阅读能力测试包括文学阅读、数学阅读、科学阅读、艺术阅读、哲学阅读五个板块。测验方式是通过让学生阅读相关文章，按照要求，回答文后问题。

（二）建立自主评价体系

过程性评价多以表格形式呈现，我们专门制作了《心桥——家校联系簿》，对学生的学习习惯、学习过程等进行评价。

德育和生活教育是学校教育的重要内容，以行为方式和习惯为评价指标。为了使评价常规化，我们对学生的生活习惯、生活能力、学习习惯、学习能力等进行评价，班主任和学科教师以评语的形式对学生在校的表现进行说明，家长以留言的形式与教师交流。

《心桥——家校联系簿》让坏习惯无处可逃，学生在学习过程中的点滴表现都会体现出来。

整个小学阶段的课程实施与评价体系不是静止不变的，而是随着教学实践的推进、随着学生能力的提高，不断调整的。

第四节　小学语文单元整体教学课程的实施管理

一、小学语文单元整体教学课程的实施

课程体系是教师实施课程的框架，教学受很多条件的限制，如教学时间、教学对象、教学评价等。在单元整体课程的框架体系内，教师怎样操作，也受教师个人素质的影响。因此，在编写课程实施与评价方案的基础上，我们进行了一些现实的规划和设计，保证单元整体课程在学校范围内能够落实。如果想让课程实施与评价方案解决教师的理念问题，通过教学设计模板解决教师的教学设计问题，那么以下工作可以保证教学实施。

（一）全学科推进

任何一所学校都不能靠某个学科的"特色"而生存。一所学校的健康

发展必然以所有学科的整体协调发展为基础。单元整体课程的"整体"观念不只存在于某个学科，还包含全部学科。全部学科是另一个意义上的整体。

在小学语文单元整体教学的基础上，可以把单元整体教学的理念推广到数学和英语学科。数学学科，提出了阅读欣赏和数学实践的目标，数学教师不只教教科书，还要考虑到数学阅读和数学实践。英语学科提出了要整合教科书的单元，根据教学的需要，把教科书中的单元进行合并，把教科书中原有的 2 至 3 个模块合并为一个单元，将单词、句型、对话等整合起来再进行教学，增加英语的读整本书和英语实践活动。

在数学和英语学科取得观念认同和实践探索成果的基础上，可以推广到科学、音乐、体育、美术、信息技术等学科。每个学科在进行教学的时候都要有单元概念，整体进行设计，考虑到阅读欣赏和学科实践。这些学科对教科书的依赖性较小，教师有更大的操作空间，所以，在这些学科取得的进展更快。

（二）把课程固定在课程表上

课程表是学校实施课程的依据，排在课程表上的课必须要落实到课堂。为了区分课型，可以把每个学科的读整本书和学科实践活动排进课程表，保证课程有时间实施。

具体做法如下：

为了区分不同学科的阅读与欣赏，所有学科表示如下：语文/阅读与欣赏，数学/阅读与欣赏，英语/阅读与欣赏，其他学科以此类推。

语言课。为了解决语文课和英语课往往局限于文本内容而忽视语言运用的问题，把语文课和英语课的相关部分作为语言课，具体表示如下：汉语/语言，英语/语言。

技能课。艺术与体育等学科，在发展素养的前提下，进行技能的训练，在课程表中显示各学科名称，如体育技能课。

实践课。对学科实践活动进行划分，分为语文实践活动、数学实践活动、英语实践活动、科学实践活动等。

校本课程。我校在统一时间开设多种校本课程，如钢琴、民乐（二胡、古筝、琵琶）、舞蹈、乒乓球、网球、轮滑等，在课程表中标注为校本课程。

我们提倡全学科阅读和写作，每个学科的教师都要安排学生写日记。数学日记分为记叙类、反思类、想象类。英语日记，能够用英语表现身边的生活。音乐、美术、体育等学科让学生表达。音乐有创编乐曲、写歌词，结合钢琴课，学生可以弹奏自己的作品；体育课可以创编游戏、制定游戏规则等。

多种方式的阅读与表达，让学生的学习目标更清晰，学习在学生看来不只是为了考试，而是可以表达自己的观点、表现自己的创造力，学得越多，表现起来就越丰富。

（三）把课堂教学定位在研究的角度

把所有的课型定位在课程表上只是第一步，通过学校的教学督导等方式，可以了解教师的具体执行情况。为了提高教师的教学水平，在现实的教学中，我们每个学期都举行教学展示活动。

确定展示方向：展示学生、展示思想、展示个性。每个学科教研组根据单元整体课程推进的情况确立研究重点，如，教科书教学、读整本书教学、学科实践活动教学中的某一类，或探究式学习方式的研究。根据研究重点，第一轮是研讨课，由一个年级来执教，执教后进行研讨，发现问题，确定标准。第二轮是展示课，所有教师根据研究重点进行课堂教学展示，进一步研讨。第三轮是提升课，根据前两轮的研讨成果，再次进行设计，进行实践。

研讨的分层次推进，每个学期都能突破研究重点，这种教学与研究相结合的方式，让整个团队真正成为"教、学、研"一体的团队，课程理念也一步步变为教学现实，给教学带来了很大变化，也给了一线教师极大的鼓舞。

（四）发挥家长会与家长委员会的作用

在全体家长会上及时向家长报告学校课程改革的成果，提示家长看到学生身上的变化、发展和提高，如阅读兴趣、阅读量、阅读习惯、阅读能力、习作能力等。让整个社会都了解阅读的重要性，以阅读课作为向家长宣传课程理念的突破口。还有就是向家长介绍先进的教育理念，真正的教育是为了人的发展，而不只是分数的提高。

我校也多次召开家长委员会会议，针对考试改革等内容和家长委员会的成员进行研究；让家长委员会的成员到校参与监考、阅卷的整个过程；向家长委员会成员讲解命题方向和原则，征求他们的意见。

从家长的角度评价学校课程实施的情况，家长认同课程理念及实施方式，认同评价方式，就能保证家长实质性的支持。

二、小学语文单元整体教学课程实施的反思

单元整体课程的形成，经历了由教学到课程的过程，这个过程比较漫长，从教学的细节走向课程的构建与实施，是现实选择的结果。

全学科面向全体学生，在现阶段，只能达到让所有学生在所有学科都及格的标准，所有学生能均衡发展。学生阅读兴趣和阅读能力逐步提高，他们才会善于思考，乐于创造。

现有的课程设计，虽然做到了整体，但是，从教科书中获取学生发展的能力点，对一线教师来说比较困难，对于学校来说，其推广与应用也比较难。因此，应该结合国家课程标准，重新确立小学生的能力系统，所有的课程内容都根据这个能力系统来组织和实施。

课程设计是为人服务的，只关注思维和能力发展是不够的，应该关注人的核心价值观的培养，关注学生精神的成长。因此，立足整体教育理念，重新梳理课程框架，重点建设两门课程——阅读课程和实践课程，其中阅读课程融合多科阅读，实践课程成为综合各个学科的实践。

现在的单元整体课程走的是分化之路，学科的分化，学科中目标的分

化，教学实施中教科书、读整本书、学科实践活动的分化，这是现实的需要，因为在现实教学中，教师不能明确每个部分应该起的作用，不清楚具体的操作。但这些分化都是暂时的，当教师的课程理念和实施水平达到一定高度，单元整体课程就要走"融合"之路，进行多学科的融合设计。如，"阅读与欣赏"将来就会融合多个学科。将来的单元整体课程是"大单元"的，这个单元的教科书教学、读整本书、实践活动都是融合多学科的。

未来的单元整体课程以"大单元"为教学单位，以"融合"为单元构建方式，以学生"自主探究"为学习方式。那时的单元整体课程经历了"从教育到课程，从课程到教学"的过程，会变得更加完善，更能适应师生的发展。

第三章 将"美育"切入小学语文单元整体教学

第一节 学校"以美育美"的源流与发展

美育，又称审美教育，是指从美学的角度进行知识教学的教育方法，它是全面发展教育完整体系的一个重要组成部分。学校美育的目的是分层逐步提高学生感受美、欣赏美和创造美的能力，帮助学生不断树立正确的审美观点、健康的审美情趣和高尚的审美理想，培养学生热爱生活、追求真善美相结合的人生境界。

美育思想在人类文化历史上已历经数千年，而美育作为一种教育实践却仅有 200 多年的历史。大多数美育领域的专家学者都基本确认，"美育"的概念是由德国伟大剧作家、诗人席勒在《美育书简》中首次提出的。席勒美育思想聚焦了人性的完满。

1912 年，蔡元培在担任教育总长期间，创设新式教育体制，制定新式教育方针，在中国现代教育史上第一次把美育确立为国家教育方针，为"世界观与美育主义"之宗！他的美育思想直接贯彻于教育实践，并成为政府行为，产生深刻而广泛的社会影响。党的十八届三中全会《关于全面深化改革若干重大问题的决定》提出"改进美育教学，提高学生审美和人文素养"。美育作为我国新时期深化教育改革的重大问题之一被写进党的最高会议的《决定》，这让长期在美育实践探索中的教育工作者拥有了新的力量源泉，激励我们以美的方式建构社会主义核心价值体系，努力培养学生文明、高雅、和谐的人文魅力。

课程建设则是一个多维度、多层级、多时空的动态运行系统。在这个系统中，教育行政管理者、学校办学者、教育教学研究者和课程的实施者分别承担着不同职责和功能，区域的课程建设要想实现现实突破和长足发展，必须集合所有人的力量和智慧，准确把握课程改革的基本要求，切实关注课程顶层设计，不断提高课程领导力和执行力，才能真正成为课程对学校教育内涵发展的内生动力和支撑力。

和平里第四小学作为有着近60年历史的美育传统校，美育与学校的课程密不可分，可以说，课程的建构是师生按照美的规律去认识世界、改造世界，通过劳动创造美的记录。课程中蕴藏着丰富的美育素材，课程的实施是对美育的渗透与发展，教师在课程能引导学生在学习中感受美，最终在生活实践中创造美，形成审美价值。本着"要给孩子们最美的教育"宗旨，我校着眼于全体学生健全人格的塑造，形成了"以美育美"的办学指导思想。我校植根于"以美育美"深厚的文化积淀，坚持美育教育品牌，以美育为载体，践行大美育观的理念，将美育融入学校各个角落，打造出了具有美育特色的文化校园。

"用最美的教育，遇到更好的自己。"这句话是吴田荣校长为发展学校美育教育提出的核心理念。

最是情怀出本心。在奋斗的教育生涯里，在执着的钻研探索中，吴田荣校长提炼出了"用最美的教育，遇到更好的自己"这一教育观点。这观点来自火热的教育生活，是在宁静致远、淡泊明志的坚守中开拓出的创新与突破；是在饱满的教育情感与丰富的实践经验基础上绽放的智慧与激情。它不仅反映了吴校长对学校及其资源带发展的挚爱之炽和思虑之深，更体现出全体教师献身教育事业的赤子心怀与奋斗夙愿。"让每个孩子都能成为最好的自己。"这是学校及其资源带全体教师坚守的共同心愿和为之努力的毕生信念。

在吴田荣校长的带领下,和四小塑造出"以美养德、以美启智、以美健体、以美陶情"的办学模式,形成了"专业引领、特色彰显"的教师发展目标,"全面发展、学有特长"的学生培养目标。

现在,校园的每一个角落都释放着美的因素,教育的每一个细节都散发着美的气息。每一天、每一节课,老师们都在为孩子们讲述着美、描绘着美、展示着美,带领孩子们感受语言之美、数学之美、科学之美、色彩之美、音律之美、运动之美……引导孩子们去发现美、探索美、领悟美,为孩子们的未来设计着美、酝酿着美、储备着美。当稚嫩孩童长成风华少年时,从懵懂憧憬完成成长蜕变后,便能用自己的力量创造出光彩照人的绚丽人生。

第二节 "以美育美"的小学语文课程体系框架

2012 年,我校开启了全新的课程体系建设。依托育人目标,构建"以美育美"课程体系,并逐步将美的教育渗透到学校工作的方方面面,形成了鲜明的办学特色,推动了学校工作的全面提升。我们所认识的"美",既包括美学理论知识,又涵盖实现美育的各种手段和途径。"以美育美"课程体现了教育的本质,是师生平等基础上情智互动的生命历程,是共同认识美、感受美、欣赏美、展示美和创造美的过程,是真正"以人为本"的人文教育。在这一理念的支撑下,我校形成了"以美育美"课程体系框架——1 + 5 + 6。

以美养德:即礼仪品行,培养文明、和谐、知性、儒雅的生命,用润物无声的文化氛围之美滋润学生的心灵;

以美启智:即思想深刻,培养活泼、善学、好问、勤思、乐进的生命,用丰富多彩的课程之美启迪学生的智慧;

以美健体：即体魄强健，培养健康、青春、安全的生命，用各具特色的运动之美提升学生的体能；

以美陶情：即人格健全，调动生命好奇心，激活生命情趣，享受快乐成长的生命，借助主题鲜明的特色活动之美滋养学生的情操；

以美促劳：即热爱劳动，让学生动手实践、出力流汗，接受锻炼、磨炼意志，用自主体验创造之美促进学生的发展。

6 指六大领域：语言与文学、人文与社会、科学与技术、自然与环境、艺术与审美、体育与健康。

"以美育美"课程架构适合现代教育发展育人模式的转变，在培养目标上，既重视传授知识、发展能力，同时兼顾多种课程模式，利于具有创新思维和创新能力的创造型人才的培养。

第三节 "以美育美"的小学语文课程体系形式

为了落实教育维度，我们将学生校内的学习同校外生活及其需要和兴趣紧密结合，关注学生终身、整体发展的内在需要、着眼于学生个性的全面发展。我们将课程类别分为六大领域，在每项类别中又包括三个系列：基础课程、拓展课程、特色课程，形成"以美育美"课程体系形式——3＋2＋X。

3 指每层级课程包含三个系列：基础课程、拓展课程、特色课程。

基础课程：面向全体学生，由国家课程、地方课程和学校的基础类课程组成。

拓展课程：基础性课程的拓宽与延伸，为学生学习特色课程积累更宽泛的知识与经验、能力与方法，养成良好的个性品质。

特色课程：特色课程具有本校特色，是我校集合多方资源自主研发的课程，满足学生特质发展需求。

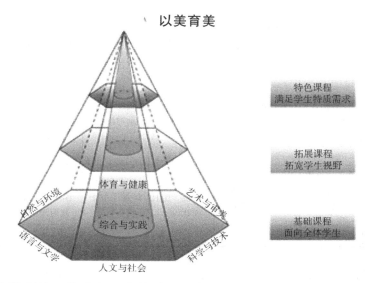

以美育美

特色课程
满足学生特质需求

拓展课程
拓宽学生视野

基础课程
面向全体学生

体育与健康
自然与环境　　艺术与审美
综合与实践
语言与文学
科学与技术
人文与社会

2 指课程的两种形态：学科课程和跨学科课程。

学科课程是基于学科的逻辑体系开发的，并对国家课程进行了校本化实施，目的是要让儿童掌握学科知识的间接经验。

跨学科课程是儿童获得直接经验的过程，它关注的是儿童面对真实世界时的真实体验和直接经验。它有利于儿童获得对世界完整的认识，有利于培养儿童的创新精神和解决实际问题的能力，注重整体性和综合性。构建综合课程框架进行跨学科和学科融合课程实施与教学是至关重要的，活动、体验中体现了课程的"可视化"。

"以美育美"课程体系

以美养德　以美启智　以美健体　以美陶情					
领域 类别	语言与文学	人文与社会	科学与技术	自然与环境	艺术与审美	体育与健康
特色课程	小记者 小小演说家 快板艺术 ……	有趣的饮食文化 大美北京 古代器物之美 走进"世界500强" ……	物联网 有趣的过山车 几何机器人 小小鼠绘师 ……	爱鸟爱自然 生活中的矿物 环保小达人 ……	毕加索大师班 天才搭配师 少年模仿秀 校园剧社 书法之韵 ……	儿童排舞 少年网球 少年高尔夫 趣味空竹 儿童跆拳道 儿童毽球 ……

续表

领域 类别	语言与文学	人文与社会	科学与技术	自然与环境	艺术与审美	体育与健康
拓展课程	我爱阅读 翰墨飘香 英文动画配音 ……	我们看世界 特色民族建筑 纸壳面具 ……	趣味数学 益智游戏 儿童魔方 ……	探秘植物 我爱星空 动物世界 ……	书法篆刻 儿童绘本 立体造型 管弦乐 英文绘本 ……	少年武术 国际象棋 田径训练营 游戏中的规则 ……
基础课程	语文 英语 经典诵读 我会听 我会说 ……	道德与法制 飞飞说安全 ……	科学 数学 计算机 劳技 创意设计 ……	园艺种植 环保小卫士 我与自然 ……	美术 书法 音乐 儿童漫画 ……	体育 健康 儿童自护自救 ……

两种课程的主要学习方式各有特点，前者是以传统意义上的课堂教学方式为主，后者是以探究性、开放性社会情景学习方式为主。两种学习方式交互在一起，才能够实现让教育和学习回归生活，才能体现儿童学习的全部社会意义，使儿童将以知识学习为本，转变为以"核心素养"为本，逐渐走向"深度学习"，让儿童学习真实发生。

X 指课程资源的多元化。

在当前课程观的引领下，教师与学生不仅要走进课本，更要走出课堂，真实践，真体验，将学习与生活相联系。学习场所已远非课堂唯一的形式，一个泛载的学习空间正在逐步形成。以美育教育为基点，我校依托区域"1+4+8+X"（一个青少年学院，四个专业学院，八个学区分院，X 个课程中心和实践基地）学院体系，充分整合各类资源，将学院体系课程、"蓝天"资源单位课程、职业体验课程和校本精品课程，融入资源带整体课程体系建设之中。各种学科实践活动和跨学科主题课程，以社会、社区、学区为资源的大课堂蓬勃开展，社团活动、职业体验等课程都深受孩子们的喜爱。我们秉承集思广益、广泛征集、严格审核的标准，深入挖掘本校教师潜能，与周边资源单位、高校、机构携手，为孩子们呈现可供选择的多种课程。学生在周五下午选修课的时间，走进国际职业教育学校进行职业体验课的学习；走进国家奥体中心、北辰高尔夫球中心参加阳光悦动课程；走进各大博物馆、科技馆将书本、课堂所学，与参观、体验、实践密切结合，所开设的课程极大地满足了资源带 2600 余名学生的学习需求、特质发展。

资源带校本课程设置

■ "学院日"课程30门 ■ 资源单位课程39门
▨ 精品校本课程42门 ▨ 资源带社团8个

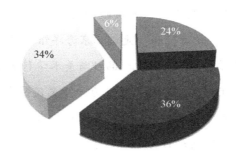

附："海洋科普进课堂"跨学科综合实践活动

为贯彻落实《北京市中小学培育和践行社会主义核心价值观实施意见》《北京市基础教育部分学科教学改进意见》精神，落实东城区实施《北京市实施教育部〈义务教育课程设置实验方案〉的课程计划（修订）》意见，我校积极开展了各种学科实践活动和跨学科综合实践活动："快乐学院日课程""多彩的社会大课堂实践活动""明星进校园"以及融合了多学科的"主题系列活动"等，并将实践活动情况计入期末质量综合评价，让学生感受知识与生活实践、学科内综合以及不同学科之间的联系，促进学生学习方式的转变，激发潜能与创造性，获得持续发展的动力。同时，实现学科实践活动各学段之间的纵向贯通，关注学生的个性发展与变化过程。通过综合评价，不仅关注学生对基础知识与基本技能的了解、掌握与运用情况，而且关注学生的实践体验，综合培养人文、科学素养，培育和践行社会主义核心价值观，提高综合运用知识解决问题的能力、交流与合作的能力、创新意识与实践能力，让学生成长的各种要素在评价过程中体现得更全面、更丰富。

随着新的课程计划的出台，如何落实10%的学科综合实践活动成为学校探索与实践的重点课题。但是要切实提升学生的综合实践能力，使学生的创新精神与创新能力得到长足发展，学校还是要更好地开发利用各级各类资源，组织一些能够提升学生综合素养的实践活动。我校以"倾力搭建科普平台，涵养海洋科技精神"为目标，充分整合利用中国海洋学会、中国海洋报和国家海洋环境预报中心等资源单位的优质资源开展了以"海洋科普进课堂"为主题的跨学科系列综合实践活动，通过"少年梦、南极梦、中国梦""爱海、知海、护海"和"走进北京海洋馆、富国海底世界"等系列活动，将语文、数学、英语、科技、品社与美术学科融为一体，实现跨学科的整合。挖掘与利用海洋资源与文化，为学生呈现最有生命力的学习内容，领略大海的奥秘，畅享海洋知识，让学习灵动起来。

一、主题综合实践活动目标

1）通过主题学习，让校内外学科实践活动有效落地。

2）运用各学科的学科素养，实现跨学科整合，提高学生综合能力。

3）根据学生的年龄特点和知识特点，建立现代学科世界与生活世界的联系。

4）实现教师教学方式和学生学习方式的改变。

二、主题综合实践活动框架

海洋科普进课堂

学段＼学科实践活动	语文	数学	英语	科学	美术	品社
低年级段	海洋馆中学语文	海洋里的数据	the Undersea World		海底世界	
中年级段	童心向海	海洋面积估算	My favorite marine animal	海洋生物	海底世界	发怒的海洋
高年级段	我与海洋	漂流瓶中的数学	Protect the ocean	趣味海洋科考	海底世界	大海之旅

三、主题综合实践活动流程

探索阶段：学习、领悟、思考、转型。

准备阶段：各学科研究、准备主题。

启动阶段：师生、家长进行动员。

实施阶段：师生、家长共同参与。

展示阶段：成果展示、分享交流、总结反思。

评价阶段：结合学生的学习过程进行期末学习评价。

四、主题综合实践活动实施

围绕着"海洋科普进课堂"这一主题，我校开展了"少年梦、南极梦、中国梦"南极科考队员讲述南极奥秘，制作装满保护地球家园愿望寄语的漂流瓶、"爱海、知海、护海"参观学习国家海洋环境预报中心和"走进北京海洋馆、富国海底世界"，领略大海的奥秘，畅享海洋知识等实践活动。各学科老师将学科教学与此次主题活动有机地结合在一起，将海洋科普知识引入课堂，更将课堂学习延伸到课外，开展各学科的主题学习实践活动。中年级的语文学科举行了"童心向海"系列语文学习实践活动。活动分三个部分：

第一部分：学习完描写海洋的文章后，先请学生"用智慧的眼睛找一找，聪明的脑子想一想，作者是怎样写出鱼的美呢？他有什么写的奥秘？"（抓住身体的某个部位来写）。再出示许多可爱又美丽的鱼儿的图片，请学生学习作者的叙述方法，抓住它身上的某个部位特征，用上好词，用上比喻来写一写。

第二部分是"童心向海——相约'海底世界'知海洋"，让学生通过阅读海洋书籍、上网搜集资料、采访等形式，用相机、手机、笔、电脑等记录下自己想研究的海洋鱼类、贝类、藻类等知识，结合自己的研究主题进行资料的收集、整理，制成PPT。

第三部分是"童心向海——海洋研究成果演讲"，利用语文课前五分钟进行课前演讲，举行了"海洋研究成果交流会"，学生将"海底世界"学习所得进行交流和成果发布。

活动中，一二年级的小同学，不停地问：大海有多大？有多深？里面有多少鱼？……一大堆数学问题，通过老师耐心的讲解，孩子们感受到通过数据是可以了解事物的，初步了解了数学无处不在。中高年级同学更是运用估算、面积和体积的计算、统计图表等数学知识和方法以及生活经验分析、解决问题，体会到了数学知识之间的联系、数学与其他学科的联系、数学与生活的关系。

美术与英语学科的整合在这次活动中体现得最充分，学生用手中的小画笔画出绚丽多彩的海底世界，用英语介绍自己喜爱的海洋生物，制作拯救地球、保护海洋环境的英文海报，装满孩子们用中英文书写的保护地球家园愿望和寄语的漂流瓶被南极科考队员们放到大海中，传送到世界各地。

中国海洋报社的记者、亲自参加过南极科考的队员之一徐小龙叔叔，来到我校从"美、灵、奇、险"四个方面为同学们讲述南极的奥秘。同学们了解了地球家园有这么一块神奇的土地，为我国丰富的海洋资源而骄傲，为无忧无虑生活在那里的那么多和睦相处、通人性的动物而欣喜！为那里还有那么多的未解之谜而好奇！更为我们这些为了国家发展、执着探索科学奥秘、冒着生命危险、挑战着人类极限的科学家们而骄傲！感受到作为中国少年肩负的责任。

学生来到国家海洋预报台，观看了地震、海啸等自然灾害的纪录片，感受到海洋灾害的破坏力和预报的重要性；了解了预报中心的发展历史，从原来的手工记录到现在强大的信息技术支持，体会到科技飞速发展和老一辈科学家工作的艰辛。这次学习对品社课中《生活中的自然灾害》是一个很好的补充，学生通过这种特殊的学习方式对课上学习内容有了更深入的了解。学校培养学生从小了解海洋，认识海洋，关心海洋，热爱海洋的思想，树立研究海洋，保护海洋科学经略海洋的意识，希望长大投身祖国海洋事业成为建设海洋强国的生力军。

孩子们综合学习和运用了各学科知识、技能开展研究、解决问题。在这一过程中，各学科教师发挥各自特长进行指导，同时关注学生在研究过程中所展示出来的与各学科有关的素质并进行引导与评价，体现了学科整合之美。在课后的反馈中学生谈到，对这样的综合实践活动很喜欢，很有意思，可以从不同学科感受一个问题的不同理解。

不过，综合实践活动作为期末学业评价的一部分，如何制定合理有效的评价方法，不仅关注学生对学科知识与技能的了解、掌握与运用情况，而且关注学生的实践体验，综合培养人文、科学素养，提高综合运用知识解决问题的能力、交流与合作的能力、创新意识与实践能力，制定更加细化的评价目标体系，全面地评价学生则是值得我们进一步思考和实践的。

第四节 "以美育美"的小学语文写字教学

《语文课程标准（2022年版）》在第一学段"识字与写字"部分中提出："喜欢学习汉字，有主动识字、写字的愿望；认识常用汉字1600个左右，其中800个左右会写；掌握汉字的基本笔画和常用的偏旁部首，能按基本的笔顺规则用硬笔写字，注意间架结构。初步感受汉字的形体美；努力养成良好的写字习惯，写字姿势正确，书写规范、端正、整洁。"

统编教材一年级上册孩子们将认识常用汉字300个，会写其中的100个。那怎么来对孩子进行写字指导呢?

教育家叶圣陶先生说过："教育就是培养良好的习惯。"良好的习惯是评价一个人的基本准则，而良好的书写习惯同样如此，对于一年级新生来说尤为重要。

一、习惯养成是关键

（一）重视学生正确的写字姿势

写字训练起步早，从入学教育课开始，就要结合《我爱学语文》课本中写字姿势的插图，边示范边指导，教给学生正确的写字姿势。

正确的写字姿势包括坐的姿势和执笔的方法。

坐的姿势。写字时，背要挺，字看清，头摆正，肩放平。手离笔尖一寸，胸离桌子一拳，眼离桌面一尺。课上我们为了方便提醒孩子们可以精简成"三个一，一尺，一寸，一拳"。

执笔的方法。有经验的老师经常会说："一指二指捏着，三指四指拖着，笔尖向前斜着，笔杆向后躺着。"帮助孩子们形象地记住了握笔方法。这些小口诀对于孩子写字习惯的养成很有帮助。教师可以发挥自己的潜能编一些适合自己班学生的写字小口诀，帮助学生努力养成良好的写字习惯，形成正确的写字姿势。

（二）教学生学会使用田字格

低年级学生空间知觉能力还有待培养，初学写字时，不知道从哪里下笔，写出来的字不是东倒西歪，就是顶天立地。采用田字格练写铅笔字，可以逐步提高学生知觉的精确度，帮助他们掌握好笔画的位置和字的间架结构。统编教材识字 2 中就开始指导学生写字。在写字之前我们首先帮助学生认识田字格，在我们的教参中有田字格的拍手歌："田字格，四方方，写好汉字它来帮。左上格、右上格，左下格、右下格，横中线，竖中线，各个方位记心间。"教师可以带着学生认一认，同时记下各个方位的名称，对学生把汉字写规范很有帮助。

（三）帮助学生记住常用笔画的名称及运笔方法

在统编教材中有《常用笔画名称表》，在识记生字的过程中，教师要引导学生牢记笔画的名称，掌握一定的运笔方法。当学习汉字出现新笔画时，教材会在范字的前方做出提示。知道了笔画名称，怎么写才好看呢？有的教师对铅笔字基本笔画的运笔要点做了这样的概括："横要平，竖要直，提、撇要尖，捺有脚，折有角就得顿，小小点要写好，落笔轻轻收笔重。"学生掌握要领后经常练习，字一定会越写越规范。

二、课堂教学重实效

教师在课堂怎样做才能帮助学生养成良好的写字习惯，写一笔正确、端正、整洁的好字呢？

我们把它归纳成以下几步：激发兴趣→观察范字→巧妙指导→教师示范→学生实践→ 展示评价。

（一）激发兴趣

写字，对于学生来讲是有些枯燥乏味的，尤其是低年级学生。教师就要根据儿童的心理特点，先在"激趣"上下功夫，鼓足学生学习写字兴趣的风帆，使之"尚未下笔先熏陶"。

举例："火"字。有的老师在教学生字"火"的时候先请孩子们看看甲骨文形状的插图，然后提问：发现了什么？启发学生发现汉字与图画的关系，理解了字义，也帮助记忆了字形。学生还能想到与"火"有关的词语：火苗、火车、火山、红红火火等，丰富学生对"火"的认识。学生再写"火"字的时候油然而生对汉字的喜爱。这不就是喜欢学习汉字，有主动识字、写字的愿望吗？

（二）观察范字

独体字要观察笔画和笔顺。也就是这个字是由几笔写成的，是怎么一笔一笔写成的。新笔画一定要随新字教。笔顺是绝对不能写错的。统编教材一年级上册每一个汉字都有笔画跟随，教师可以让孩子学会看，笔顺正确是孩子写好字的前提之一。例如，出示"里"的笔顺，先写上面的日再写竖，最后写两横。教师对此要特别强调。在低年级写字教学中，遇到笔顺容易写错的字，教师必须加以指导。

合体字就要看结构。如果这个字是左右结构的字，就要观察它哪部分宽点儿哪部分窄点儿。如果是上下结构的字就要观察这个字上下哪部分扁一些，哪部分更大一些。举例："把"左窄右宽，左高右低，竖弯钩在竖中线上等。这样才能做到《课标》所说的："掌握汉字的基本笔画和常用的偏旁部首，能按笔顺规则用硬笔写字，注意间架结构。初步感受汉字的形体美。"

（三）巧妙指导

在写字教学中，教师方法多样，指导得当，能收到事半功倍的效果。在指导时，教师的语言不能太多。指导要巧，关键地方要"画龙点睛"。在语文园地一、五、八的书写提示中都谈到了笔顺规则：从上到下，先横后竖，从左到右，先撇后捺，先中间后两边，先外后内。这些汉字书写规律的掌握，对学生学习汉字很有帮助。教师要善于为学生归纳总结。

（四）教师示范

在教学中，教师的板书示范是最具有吸引力的。用电脑演示笔顺过程和运笔过程可以，但是都代替不了老师直接书写的示范作用，因为这是最有亲和力的。教师在写示范字时，一定要提醒学生注意看老师写的字，要边示范边讲解，需要强调的笔画可以用不同颜色的笔区分出来，以提示学生不要写错。

（五）学生实践

经过认真观察和教师巧妙的指导之后，就是学生动笔实践的时间了。统编教材为学生准备了两个描红的生字，可先引导学生描红，再书写。

（六）展示评价

评议也是十分重要的。当堂在实物投影上展示学生写的字，大家评议。看一看同学哪一笔写得好，哪一笔需要改进。评议之后，大家再写一个。再写的这个字要比前一个字写得更好。这样我们的识字教学才扎实有效。

三、需要注意的问题

（一）多用激励性评价

在写字教学过程中，教师要针对每一位学生的点滴进步多给予表扬和鼓励，让他们感觉到成功的喜悦，从而激起他们写字的兴趣。哪怕是一个眼神或一个手势，都是一种有效的激励措施。要尽量让学生在学校把作业做完，这样我们可以随时指导。在学生的生字本上盖小印章、贴小贴纸都是对孩子们写字的鼓励。

（二）减少量，提高质

要想学生练好字，书写时间不宜过长，生字的书写也不能过多，重在一个比一个好。

（三）先识后写，赋予汉字活力

我们知道，汉字是音形义的结合体，一个汉字所蕴涵的概念是十分广泛的。教学中，我们要把字的"音、形、义"及汉字的应用"四维一体"，让学生对汉字有丰富的认识，多角度了解汉字，从感性和理性两方面学习汉字。赋予汉字活力，学生学习起来才会津津乐道。

（四）常抓不懈，持之以恒

写字教学同样要遵循"循序渐进"的原则。让学生写好字不是一朝一夕能办到的事，需要长期的、坚持不懈的训练。因此，教师绝不能操之过急，因为习惯的改变和习惯的养成一样，需要一个较长的过程。为了防止学生的执笔方法和写字姿势出现反复的可能，书写作业尽可能让学生在课堂上完成，在教师的帮助和指导下完成。低年级每节课最少要有十分钟的写字时间。

作为基础学科，低年级我们应当在语文课上重视写字教学。让学生在每一节语文课上都动笔写写字，感受汉字中所蕴涵的那种韵味，那种结构的美。传承中华文化，让孩子们写出一手漂亮的中国字！郭沫若先生曾经就写好字的问题，讲过一段精辟的话："培养中小学生写好字，不一定要人人都成为书法家，总要把字写得合乎规范，比较端正、干净，容易认。这样养成习惯有好处，能够使人细心，容易集中意志，善于体贴人。草草了事，粗枝大叶，独断专行，是容易误事的。练习写字可以逐渐免除这些毛病。"因此写好字是小学生一项必须具备的基本素养。

附：将教学新理念运用到识字教学

识字是阅读和写作的基础。教育专家指出要把小学抓好，还要从小学的识字抓起。我们以一年级下册《古诗二首》中的《池上》为例。

【教学目标】

1）认识"首、踪、迹、浮、萍"5个汉字，正确书写"首、采"。

2）正确地朗读古诗，并能积累背诵。

3）运用多种方法了解词语的意思，初步感知古诗描述的景象，感受诗中蕴藏的夏天的情趣。

【教学重点】

1）认识"首、踪、迹、浮、萍"5个汉字，正确书写"首、采"。

2）正确地朗读古诗，并能积累背诵。

【教学难点】

运用多种方法了解词语的意思，初步感知古诗描述的景象，感受诗中蕴藏的夏天的情趣。

【教学过程】

一、回顾旧知，引出主题

1）现在已经进入了夏季，我们的生活和自然都会发生变化，观看图片，回顾旧知。

2）今天，我们学习一首与夏天有关的古诗《池上》。（板书课题）

二、初识古诗，正确朗读

（一）读诗题，初步了解古诗内容。

（二）初读古诗，注意把字音读准确。

（三）圈画生字。

（四）自读生字，同桌互读。

（五）学习生字、新词。

1. 首

1）联系课题，了解字义。

2）联系生活，练习运用。

2. 踪迹

1）认识"踪"字，交流记字方法。

2）结合语境，给"迹"组词。

3. 浮萍

借助视频，了解词义。

4. 采

1）结合图片和文字演变的过程，了解字义。

2）借助图片，创设情境，练习运用。

5. 小娃　白莲

（六）再读古诗，读准字音、读好停顿。

三、诵读感悟，体会诗境

（一）结合生活，了解词义，学习一、二句。

1. 再读古诗前两句。交流诗人来到池边，看到了什么？（贴板图）

2. 体会"撑"。

1）指名读第一句，读清楚小娃娃是怎么来到池塘里的。

2）借助视频，了解撑船的样子。

3）角色扮演，做动作感受撑船。

3. 创设情境，再读第一句，体会小娃娃的快乐。

4. 借助实物，认识莲蓬。

5. 感受小娃娃收获的喜悦，指导读好第二句。

6. 感受着小娃娃撑着小船、采着莲蓬的轻松和惬意，再读古诗一、二句。

（二）图文对照，想象画面，学习三、四句。

1. 诗人还看到什么了？读古诗的三、四句。

2. 水波荡漾，小娃娃撑着小船从水面上划过，小娃娃去哪儿了？借助视频，理解踪迹。

3. 创设情境，再读三、四句，体会小娃娃的天真、顽皮。

（三）创设情境，体会诗意，积累背诵。

1. 创设情境，引读诗句

夏日午后，诗人白居易在池塘边看着满池的荷叶、荷花，一个小娃娃撑着小船，悄悄地采摘着池塘里的莲蓬，他看到这么可爱的小娃娃，写下了这样的诗句——小娃撑小艇，偷采白莲回。

小娃娃采了满满一船的莲蓬，撑着小船高兴地走了，而水面上却留下了小船划过的痕迹，看到这番景象，白居易写道——不解藏踪迹，浮萍一道开。

2. 借助板书，加上动作，配乐背诵。

四、学习生字，指导书写

1）出示生字"首"和"采"，认读字音。

2）自主观察字形，全班交流。

3）教师范写。

4）学生书写，反馈交流。

五、拓展延伸，丰富阅读

这节课我们学习了《池上》这首描写夏日的古诗，其实展现夏日美景的诗句还有很多。

结合图片，读诗句，感受夏日的情趣。

◇ 荷风送香气，竹露滴清响。

◇ 黄梅时节家家雨，青草池塘处处蛙。

◇ 小荷才露尖尖角，早有蜻蜓立上头。

下节课，我们一起来学习这首杨万里的《小池》。

【板书设计】

古诗二首
池上

首
迹
采

小娃
白莲
踪迹

第四章 "以美育美"小学语文单元整体教学课程的实践探索

第一节 读写结合，随文练笔

以读导写、读写结合，培养学生读书与写作的能力是当前语文教学改革的一个方向。三年级是小学作文训练过程中的过渡年段，它以一、二年级说话写话为基础，又要为高年级命题作文搭桥铺路。为了搞好这个"过渡"，三年级的随文练笔是读写结合的好形式。

"随文练笔"即通常所说的"课堂练笔""小练笔"，是一种重要的语言训练，它选材角度小、内容简短，紧随阅读教学且形式多样。我们可以在课文中精心选择几个训练点，即选几个供学生训练用的"例子"。选择好"例子"对于提高阅读教学效率能起到关键的作用。怎样选择呢？教师要根据学年教学目标和教材编排的读写训练项目，在课文中选择语言表达上具有某种规律性的语言现象（词句和段落）。这种语言现象应该是可以迁移、可以概括类化的，并且要跟学生的语言发展水平相适应，符合儿童的语言"最近发展区"。这种具有规律性的语言现象就是教学所需要选择的"例子"。凭这个例子学生能举一反三，练成阅读和作文的熟练技能。

一、模仿性练笔

模仿性练笔是选取课文中典型句段，如总分结构、排比句式、比喻句

57

等，仿造其规范的语言和句式，指导学生进行仿写。通过仿写，使中年级学生逐步掌握各种写作方法。

统编教材三年级上册五单元中《金色的草地》一文第二自然段段式结构为总分总，而且内容贴近学生生活，写的就是"我"和弟弟在草地上玩的过程，其中有人物的语言及动作。我想玩是孩子的天性，不如就以此段为例子让学生在玩中学，玩中写。我和学生一起玩了顶书的游戏，让孩子们模仿本段的结构：总起句——玩的过程——总结句。对于刚步入三年级的学生来讲，第一篇小练笔完成起来既简单又好玩。学生文章：

顶书游戏真有趣。今天，语文课上老师带我们玩了顶书的游戏。我开始想：不就是个顶书吗？谁不会呀！我先把书轻轻地搁在头上，书稳稳当当的。老师数了 5 秒钟，进入了第二关，我又想：哈哈，很简单。我又慢慢起立，在这期间我的头不能动一下，连大气我都不敢喘。我又进入了第三关，这时老师又让我们转了一个圈，很多同学的书从头顶上滑下来。我暗暗高兴自己的书还顶在头上。最难的一关到了，老师让同学们相互胳肢，我一笑。书"嗖"地一下滑下来了。这个游戏太有意思啦！

仿写，只要教师把规律教给学生，使学生有章可循，学生掌握了它，就会从读中悟出写的门径。

二、理解性练笔

理解性练笔就是在学生理解、领悟课文内容和语言形式之后，让他们运用刚从文中学到的某种语言形式，去转换、丰富、发展课文内容，通过练笔的方式加深对课文内容的理解。同时，也能促进学生多角度、有创意地去感受、理解、欣赏课文内容。

三年级《美丽的小兴安岭》是一篇传统课文，文中的四字词语很多，根据这一特点，我在课上把词语积累和运用作为教学的目标之一。当学习完描写春天这一自然段时，我对学生说："此时此刻，我们眼前浮现着优美的文字和一幅幅迷人的画面，这幅情景，让你想到了哪些描写春天的四字词语？"生机勃勃""万物复苏""春意盎然""鸟语花香""春暖花开"……丰富了学生的语言，对于小兴安岭春天的赞美之情也油然而生，再读起来更加显得有滋有味。在接下来的学习中每学习完一个季节我就请学生总结小兴安岭的季节特点，培养学生理解、概括的能力，不断丰富语言积累。学生和我共同完成了以下板书：

美丽的小兴安岭

春	抽	生机勃勃……
夏	封	枝繁叶茂……
秋	献	物产丰富……
冬	藏（藏身、收藏）	冰天雪地……

最后根据本文的特点我又设计语言训练：

我家小区的花园（北海公园）……

春天，＿＿＿＿＿＿＿。（鲜花盛开、桃红柳绿……）

夏天，＿＿＿＿＿＿＿。（树木葱茏、枝叶茂盛……）

秋天，＿＿＿＿＿＿＿。（瓜果飘香、落叶纷纷……）

冬天，＿＿＿＿＿＿＿。（银装素裹、白雪皑皑……）

让学生再一次动笔写。学生在本节课中对词语进行理解——积累——运用，丰富了语言，理解了课文，提高了书面表达能力。

三、转换性练笔

让学生对课文的语言进行加工改造，重新组合，重新表达，既可以检测学生对课文的感知或理解的准确程度和深度，又创造了语言运用的训练机会，强化了语言的训练力度。例：体裁改变式。同一题材，换一换表现手法，进行合理的创造性表述，与原作比比谁棒，这不仅可以增强学生习作兴趣，还可以提高学生的表达能力。如把古诗改写成写景或叙事的现代文，如

《望天门山》可以写一小段描写山河气势的语句："波涛汹涌的江水一泻千里，一下子冲开了高耸入云的天门山，'哗哗'的江水流到天门山前，水重重地冲击着石壁打了个回旋又往前流去……"

四、发散性练笔

发散思维，又称辐射思维、放射思维、扩散思维或求异思维，是指大脑在思维时呈现的一种扩散状态的思维模式。发散性练笔表现为文章的视野广阔，思维呈现出多维发散状。如"一题多解""一事多写"等方式，就好比苏联教育家苏霍姆林斯基说的："在学生脑力劳动中，摆在第一位的并不是背书，不是记住别人的思想，而是让学生本人进行思考，也就是说，进行生动的创造。"因此，为了提高学生的写作水平，激发学生的写作兴趣，不断培养学生的发散性思维并进行练笔十分重要。

如《夜间飞行的秘密》为统编教材四年级上册阅读策略单元的第二篇课文。本单元的教学目标是：阅读时尝试从不同角度去思考，提出自己的问题。而这篇课文的教学目标和单元目标要求最为切合。教材采用随文批注的形式出示问题，让学生在"示范—模仿"中获得启发，学会发散思维，从不同的角度提出问题。角度即思路。角度的多样，就是思维的发散，体现提问策略在具体实践中的灵动性。这将给学生的阅读打开新的视野，让学生的阅读更加有效。我们可以从课文内容、生动语句、感兴趣的地方、写作方法、连接生活等多角度明确提问的具体策略。

五、想象性练笔

学生的想象充满了创造色彩，充满了灵性。想象性练笔就是抓住课文中那些高度概括抽象却与中心密切相关的词语，或是文本中的空白点，让学生展开想象，或者借鉴范文的内容受到启发，通过练笔把它还原成具体可感、触手可及的鲜明形象，以便让学生从另一个侧面深化对课文的感悟和理解。

如三年级下册五单元主题：大胆想象。我们安排了

宇宙的另一边

我变成了一棵树

习作例文：

　一支铅笔的梦想

　尾巴它有一只猫

在想象的世界里，什么都可能发生，一切都变得那么奇妙。这些题目一定会激发你无穷的遐想。基本要求：选一个题目写一个想象故事，也可以写其他的想象故事。要大胆想象，创造出属于自己的想象世界。课文中有很多想象性表达和补白，可以是省略号省去的部分，也可以对文章的内容进行续写。这样不仅能加深学生对课文的理解，更重要的是让学生插上了想象的翅膀，给他们提供想象的机会和空间，培养了他们丰富的想象能力和思维的灵动性，激发学生对语文的热爱。

以上随文练笔内容是我在教学中的实践。《语文课程标准（2022）》指出："懂得写作是为了自我表达和与人交流。养成留心观察周围事物的习惯，有意识地丰富自己的见闻，珍视个人的独特感受，积累习作素材。"随文练笔贴近学生的生活实际，贴近学生的写作实际，符合学生的写作心理。这是因为根据儿童的"模仿性"特点，阅读教学中提供了大量的范句、范段、范文作为随文练笔的"中介"；根据儿童的"表现欲"特点，借助于大量写片段的形式，及时运用阅读所学到的知识进行写作，满足了儿童学习心理的需求；根据儿童"易遗忘"的特点，采取边读边写，学用结合的做法，有利于知识的巩固。由于学生的写作束缚少，自然也就容易动笔，乐于动笔，"心动"而致"笔动"，学生则有内容可写，有话可说，有情可抒。我想学生的随文练笔必须建立在对课文充分理解的基础上，这就促使学生主动深入地去钻研课文，有效解决了学生作文没有素材的老大难问题，在培养其敏感的作文意识的基础上"消化吸收"文本内容，充分锻炼学生的写作能

力。这种练笔始终紧扣在学生理解领悟课文的基础上，保证了教学主题的统一性和教学过程的流畅性，理解运用，读写结合才可相得益彰。

第二节　语言与文学，为孩子成长打好底色

文学教育一直以来都是教育研究中的重要论题，是一种以文学欣赏为核心，以情感培养为目的，全面凸显文学审美性、文化性与语言性的教育形式。文学素养的培养对学生的思想道德、思维品质、文化修养、审美情趣、创新精神、个性发展、人格塑造等方面的发展有着不可忽视的重要影响，是一个健全的现代人的必备素养，成为我国学生发展核心素养的重要组成部分。

因此，站在国家教育发展培养的人才观角度，整体教育课程设置的课程体系角度，以及校园文化建设、培养学生目标等诸多角度，语言与文学成为我校在"以美育美"课程体系框架下的研究领域之一，着力探索出了一条适合校情、学情的语言与文学素养培养的新路子，培养、提升了学生的文化品位、审美情趣、知识视野、情感态度、思想观念等人文素养，更好地满足了学生发展的需求。

一、课程体系的构建

我校"语言与文学"课程体系的构建由语文、英语、书法、音乐、美术等多学科课程及跨学科课程组成，涉及 4 个领域共计 14 门课程，以班级授课、课题研究、主题参观、校园活动等形式展开，涵盖了古今中外多个文学艺术门类，以"审美"为核心理念，突出文学经典教育，确立"文学语言"的主体地位。

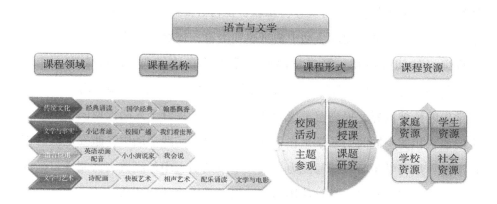

二、实施路径和方法

全员必修。全体学生利用统一课程时间开展学习活动，依据年级和学科特点进行学习内容的设置，有效利用晨读、午检、校园广播及经典诵读时间，充分发挥各类资源优势，营造共学、共享、共赏的学习氛围。

自主选修。借助网络自主选课平台，由学生自由选择感兴趣的课程内容，采用走班制学习方法，集聚具有相同兴趣的学生组成自然班，开展相关课程的学习和实践活动，极大满足了学生的个性发展和探索需求。

家校共修。结合课程学习内容，充分发挥家校联动、校内外共通的优势资源，将学习活动向家庭及社会延伸，走进影院、图书馆、博物馆、戏剧社等场所，进一步拓展学习空间，开展更加深入的探索学习活动，以此作为课内学习的有效补充和延展，促进学生知识体系的拓展与丰润。

三、课程举隅

（一）我爱阅读

该课程使用我校自主研发的《小学生语文素养提升》系列校本教材，使学生在丰富的课外阅读、语文实践活动中提高听说读写能力，关注情感教育，夯实学生知识的积累和语言应用、文学鉴赏等综合素养。第一学段课程内容设置针对低年级学生年龄特点，在教材的编写上更多强调了趣味性和易懂性，以《弟子规》《三字经》、儿歌、童诗、童话、寓言等内容为主，让学生在听、说、画和诵读活动中初步感知语言，接触中外传统文学经典，以养成良好的阅读习惯。第二学段研究重点放在读经典、练能力方面。以《孟子》《老子》《山海经》、古诗词及中外优秀作家作品为阅读内容，以丰富学生的精神世界，提高审美能力和综合素质，提升个人阅读取向，丰厚学生的语言积淀，同时引导学生在丰富多彩的语文实践活动中，激发他们的创造潜能，培养学生听说读写能力。第三学段则引入中外经典名著阅读，采取更为开放的课程和自主教材使用形式，引导学生将从阅读或学校、家庭、社会、自然中观察、积累的材料依托不同形式在各种主题活动中学习交流，并随时对教材进行补充，把自己喜欢的新闻时事、美文欣赏、交流感悟等编辑其中，毕业时学生手中拿到的是一本具有和四小美育文化、班级特点、极具个性的属于自己的提升语文素养的教材。

在教材编排及实施过程中有层次、有梯度、有承接的课程内容设计为学生打下了坚实的语文素养基础，锻造自由宽广的语文学习空间更让学生对我们的民族语言及文学经典抱有深厚的感情。

（二）国学经典

作为特色课程之一的国学经典课程是一门旨在帮助学生积累与理解我国传统诗文、汉语文学精粹，继承中华优秀传统文化的课程。课程从汉语的最基本单位汉字入手，理解汉字源流、语音流变、诗词文脉，了解文学派别及其发展历程。学生在感知中华民族博大精深的传统文化的同时受到熏陶。多样的学习活动为该课程增添了无限活力，学生来到首都博物馆参观，从器物角度了解中国古人的生活和中华文化。在汉字溯源、创作汉字、语音模仿大会、诗词吟诵、课前演讲等学习活动中追根溯源、吟唱经典、学语言、用语言，去感受国学经典文化的魅力。

（三）英文动画配音

语言与文化有密切的联系，语言是文化的重要载体，该课程便借英文动画配音活动带领学生深入外国经典动画作品，了解外国文学及文化，特别是英语国家文化，帮助他们提高理解和恰当运用英语的能力，不断拓展文化视野，在学习与比较中加深对我国民族文化的理解，激发学生学习英语的兴趣，发展跨文化交际的意识和能力，培养学生良好的语音、语调、语感，练习娴熟、流畅地给作品人物配音，畅快地表达出对片段的理解，对不同文化的认识。通过多种表演形式的学习活动，为学生提供英语学习与实践的场景和机会，培养学生的综合语言应用能力。

（四）翰墨飘香

书法是中华民族文化的结晶和象征，有着博大精深的文化内涵和巨大的文化魅力，众多的文学经典诗文也依托于书法呈现出其形美与文美的特质。翰墨飘香课程则借书法艺术带领学生学习和领略中国传统汉字语言文化艺术的魅力和中国传统诗文的精髓。我校按年级由低到高逐步开设硬笔和软笔书法课程，带领学生在我讲书法家故事，展书法、讲经典，诗配画，诵诗文等活动中去认识、了解书法背后的人、事及文化，借书法打开语言与文学的大门。

（五）文学与电影欣赏

文学与电影有着诸多的相似性，大量的文学作品被改编成电影，这也促进了文学的发展以及人们对文学作品的兴趣。该课程便是基于两者的互通性开发实施的。学生在课程中将文学作品的阅读与电影赏析相结合，两种艺术呈现方式互相解读、互为补充，在文字与画面的相互转换中帮助学生建立联系，鉴赏文学作品及电影艺术的过程也成为学生审美发现、情感体验与意义建构的过程。

（六）小小演说家

该课程旨在培养学生热爱演讲，运用语言进行自我表达的能力，解决孩子们"想说不敢说，敢说不能说，能说不会说"的语言表达问题。通过丰富多彩的教学内容，带领学生领悟语言艺术的魅力。

此外，还有小记者社团、快板艺术、相声表演、童蒙诵读等丰富的课程内容，共同组成了我校"语言与文学"范畴的课程体系。学生对语言、文学的感悟鉴赏力和正确运用语言文字完善表达思想的能力，培养健康美好的情趣和高尚完美的人格，必将依托于诸多课程而不断得到提升。

第三节 课外阅读书目的课内指导策略

一、问题的缘起

在五年级的语文教学中，有一天，当我问及学生都读过哪些书时，很多学生争先恐后地将自己阅读过的书名告诉给大家，语气中满是自豪。其中，儿童小说所占的比例较大。但当我进一步让学生谈谈印象最深的人物和故事时，教室里突然安静了下来，举手的寥寥无几。很多学生对书中的人物没有太深的印象，只对故事有零星的印象。这种现象让我陷入沉思：难道高年级的阅读就仅仅停留在读过而已？没有品味出经典的"味道"，如何受到精神的滋养？

二、现阶段名著阅读存在的问题

我想，很多教师应该都发现了学生经典阅读存在的问题：读得不少，阅读质量却不高；囫囵吞枣地读过，对书中人物、情节等感受却不深；浮光掠影，就事论事，就现象论现象，不能够联系前后故事情节和背景，把人物放在特定的背景下多角度、多层次地感受、理解等。

解决上述问题确实不容易。因为学生的阅读参差不齐：有的人读得多，有的人读得少；有的人读得浅，有的人读得深……如何在浩如烟海的课外名著中选择一本适合他们的？又如何根据学生阅读中存在的普遍问题进行有效引导，促使其深入阅读，并总结阅读方法，进行后续的阅读，这一系列的问题萦绕在我的脑际。

为此，我在对本班学生进行问卷及综合比较后，将阅读的作品定为比较符合五年级学生认知规律的名著《城南旧事》，这本书班里大部分学生利用暑假读过，但是让他们谈谈自己的体会，却只能做到蜻蜓点水。

三、我的思考

《城南旧事》是台湾女作家林海音的自传体小说。这本书以 20 世纪 20 年代的北京城南为背景。作品的经典之处就在于：小说讲述了京华古都的城垣颓垣、残阳驼铃、闹市僻巷……会馆门前的疯女子、遍体鞭痕的小伙伴妞儿、出没在荒草丛中的小偷、朝夕相伴的乳母宋妈、疾病染身而长眠地下的慈父……透过英子的童稚眼光向世人展现了大人世界的悲欢离合，有一种说不出来的天真，却道尽人世复杂的情感。

书中饱含怀旧的基调，将其自身包含的多层次的情绪色彩，以一种自然的、不着痕迹的手段精细地表现出来。书中的一切都是那样有条不紊，缓缓的流水、缓缓行进的驼队、缓缓而过的人群、缓缓而逝的岁月……景、物、人、事、情完美结合，似一首淡雅而含蓄的诗。

五年级的学生初读时可能不会太感兴趣，因为情节并不曲折。但我想，当学生真切感受到书中人物的命运与生活时，当学生透过书中的小英子、宋妈、小偷等众多的人物形象，体会到他们身上的善良、淳朴、坚忍等美好的品质时，他们就会被情节牵动，被人物打动，愿意更加深入地进行阅读与思考了。

四、我的教学过程

基于以上对作品和学情的分析，我采用以下的教学思路和策略，引导学生逐步深入地走进人物，多角度、多层次地感受人物，进而感悟作品的主题。

（一）引导学生意识到阅读方法的重要性

为了达到这个目的，开课伊始，我设计了以下导入环节：

1）教师导语：学完林海音的《窃读记》，老师给大家推荐了她的成名作，那就是《城南旧事》，这节课就让我们共同交流与分享这部经典的文学著作。

2）拿到这本书后，你的阅读是从哪里开始的？

学生发言踊跃：分别有从扉页、封面、目录、序言等开启阅读之旅的，同时交流了自己了解到的信息。经过全班交流，学生发现：不同的起始阅读方式会为后续的阅读带来不同的帮助。读书的过程也是如此，不同的阅读方法也会带来不同的结果。

（二）感受人物形象

这个环节是本节课分享的重点。因为小说以塑造人物形象为中心，通过完整的故事情节和环境描写反映社会生活。纵观林海音的小说，对女性命运的描写是一大主题，作家喜欢也擅长塑造女性形象，她借助笔下的女性形象，表达自己的情感和生命体验。这些女性形象身上，渗透着林海音对不同时期的女性命运的关注与思考。为此，我把交流的突破口定在宋妈这个人物形象上。具体通过以下几个层次引导学生逐步深入地走进作品中的人物。

1. 以宋妈为例初步学习感受人物的方法

教师引导语：在这本书中，作者以饱含深情的笔调写了老北京城南的那些景色和人物。同学们对他们也有了初步的认识。你们看，这是两个同学对书中宋妈这个人物形象初步的感受。同时出示两个学生的阅读卡（前测），并现场采访这两个学生：为什么会有这样的感受？学生能结合人物的某些行为评价人物，但仅仅停留在这里还不够，我们还要更加全面深入地感受人物。在此基础上我再出示另外两个同学的评价，问学生发现了什么？同学们发现这两个学生的评价更加全面了。在与前面两个学生评价的对比中，学生总结方法：全面认识评价宋妈需要关注她的身份，结合整个故事情节，从英子的角度看等。我进一步小结：看来，要想更加全面深入地感受人物形象，我们不妨把他们放在整个故事情节中去，多角度多侧面地去感受。

2. 习得方法，牛刀小试

教师引导：透过英子的眼睛，你对宋妈又有了怎样的认识呢？用上刚才交流的方法，静静地浏览一下《驴打滚儿》这个故事，边浏览边思考。学生在进一步的阅读后进行交流，此时学生结合宋妈为英子、为弟弟、为这个家一心朴实的所作所为这些故事情节感受到她是一个善良、勤劳、尽职尽责的奶妈。又从宋妈虽然不在自己孩子的身边，但是依然按时给他们做衣服，努力地挣钱，无时无刻不惦记着自己的孩子，感受到她又是一个慈爱的母亲。同时，学生还从宋妈生活贫困，但为了供一家人生活，毅然抛下孩子，外出挣生活费感受到她更是一位坚忍、有责任心的女性。在此基础上我进一步小结：透过英子的双眼，结合整个故事情节和宋妈的多重身份，我们就看到了一个更加丰满的宋妈形象。

3. 尝试迁移运用

有了以上的方法指导，我又再进一步放手，让学生试着用上刚才的方法，选择这本书中印象最深的一两个人物，联系整个故事，多角度地去感受这个人物形象，然后把自己的想法和小组同学交流，并在此基础上简单补充课前的自主学习单。

在之后的小组交流中，我发现很多小组都在讨论这样一个备受争议的人——小偷。为此，我先让学生谈谈对他的初步印象。很多学生觉得他不坏，是一个负责任的哥哥。为了供弟弟上学他被迫偷东西，他支持弟弟出国留学，所以是个好人。有的学生补充道：他在英子眼中是一个善良、真诚的朋友。他给英子讲弟弟和自己的故事，夸英子是一个聪明伶俐厚道的孩子，临走的时候还送英子佛珠等。由于学生不了解当时的社会背景，对人物的理解只能停留在此，为此，我适时地进行背景资料的补充：在那个兵荒马乱的年代，很多底层老百姓没有好的生活，并不是小时候没好好学习那么简单。有的人一辈子勤勤恳恳努力劳动都未必能过上好日子，这不是个人的问题，是当时的社会制度造成的。把青年放在整个故事中，考虑到当时的社会环境，我们就不会简单地用好与坏来评价他了，反而会对他多一份同情。同时引导学生要想更加深入地体会人物形象，就要把他放在特定的历史背景下，体会此情此景中的他。这样才能与作品中的人物同呼吸共命运，才能产生阅读的深切感受。

4. 联系整本书，在多个故事中感受主人公——小英子

《城南旧事》由五个可独立成章的短篇连缀而成，即《惠安馆传奇》《我们看海去》《兰姨娘》《驴打滚儿》以及《爸爸的花儿落了》。这五个短篇独立存在，而将这五个构思精巧的故事串联贯通的是一个小小的女孩英子纯真、稚气、好奇与疑问的眼光。那么，要想深入感受小英子这个人物形象，也应该结合整本书来体会。因此，在交流小英子这个人物形象时，学生结合整本书的相关故事情节，联系第一个故事中别人都说秀贞是疯子，都躲着她，可是小英子却主动接近和她交朋友，还帮助秀贞找小桂子，从这些情节，可以感受到小英子的单纯、善良、同情心；结合观察金鱼和骆驼的场景感受到她的充满童趣。还有的学生结合小英子撮合兰姨娘和德先叔的事谈到她的机智。更有学生通过《爸爸的花儿落了》这个故事感受到了小英子的成长变化，感受到了她的勇敢坚强。至此，通过交流，小英子的形象就鲜明、立体地展现在了学生的面前。

（三）初步感悟作品的主题

1. 横向比较，感悟主题

当学生在充分感受人物形象后，再引导学生感悟作品主旨，学生的领悟会水到渠成。

教师过渡语：其实，在《城南旧事》这本书当中，不仅仅有宋妈、青年、小英子，还有很多其他的人物。比如说兰姨娘、妞儿等形象。接着，引导学生在横向比较中感受人物：秀贞、妞儿、宋妈、青年、兰姨娘，你能发现这些人身上有什么共同点吗？此时学生意识到这些人物都是老北京最底层的老百姓，他们都善良质朴，但是命运悲惨，最后都一个个地离开了小英子。

于是我顺势抛出一个问题：这些人物为什么让作者如此怀念？有的学生立刻就谈到了因为她们都心地善良，并伴随小英子成长，教会了小英子如何做人……还有的学生说到了因为他们见证了小英子的童年，陪伴她成长。虽然他们的命运坎坷悲凉，但都保有那颗纯真善良美好的心……学生在交流中

不断深化对主题的感悟。

2. 创设情境，深化体验

1）教师导语：这些人都随小英子的长大而没有了影子（出示），他们是跟着她的童年一起失去了吗？跟着小英子的童年一起失去的有哪些人、哪些事呢？让我们再次走进《城南旧事》。此时我出示事先做好的依据五个故事的重点场景画面制作的课件。随着音乐，伴着画面，通过引导语把学生再次代入作品的意境中。音画创设的特定氛围极具年代感，让学生很快再次走进了作品中。

2）感悟外化，随堂练笔。

教师导语：一部优秀的文学作品，总能给人以智慧和启迪。从《城南旧事》里你汲取到了什么力量或有了怎样的感受、感悟？用一句话或一小段话写下来。此时学生已经对作品中的人物，及对作品本身有了深入的体会。不少学生写出了自己的肺腑之言：善良的人不管在哪里都会有朋友；保持一颗纯真的心，生活会变得更加美好；勇敢，可以克服人生旅途中的一切困难；童年多么珍贵啊，让我们保有一份童真，珍惜童年生活，珍视友情吧……听到学生那一句句发自内心的真情流露，我感觉学生已经对作品中的小英子等人物形象有了更深的认识，对作者要借助书中的人物传达的情感有了深切的体会。最后我就本节课教学的重点做了一个总结：通过这节课的交流，我们知道把人物放到完整故事情节中，多个角度地去思考，才能获得更加全面深入的感受，进而帮助我们进一步感悟书的主旨。

五、我的教学反思

阅读，是语文课的灵魂。如今，指导学生"多读书、好读书、读好书、读整本的书"成了教育界的共识。然而书海无涯，舟楫何在？如何将课外阅读与课内指导有效结合，对学生课外阅读起到实实在在的指导作用呢？通过开展《城南旧事》阅读分享课的实践活动，我总结出以下几点看法：

（一）整本阅读，整体感悟

叶圣陶先生曾说过："读整本的书，不仅可以练习精读、略读，还可以养成良好的读书习惯。"我们提倡学生读整本的书，减少碎片化阅读，就是保持书的内容与形式的完整，让书的轮廓、骨骼、肌肉、血脉清晰完整地呈现在学生面前。

（二）精细阅读，精准训练

在指导学生课外阅读时，我们要注重阅读方法的训练，如精读、浏览、默读、质疑等。教师不能简单地告知，而是要通过具体的阅读实践让学生学会运用，找准教学的切入点，对指导什么做好精准的定位。

（三）个体阅读，个性表达

《义务教育语文课程标准（2022 年版）》指出："语言运用是指学生的语言实践中，通过主动的积累、梳理和整合，初步具有良好的语感。"一千个人，就有一千个哈姆雷特。阅读是读者与作者以及故事中的人物展开心灵对话的过程。新课标要求对文本的解读方式应是多元、开放、个性化的。因此，教师指导时不要过早地给故事中的人物贴标签、画脸谱，而应让学生独立地去阅读感悟、经历体验，做出评价。这样更能激发学生探究的欲望。

第四节　课内外整合阅读，巧用绘本育新苗

绘本，以其生动的图画、跌宕起伏或风趣活泼的故事情节而深受儿童的喜爱。专家一致认为：绘本是最适合孩子阅读的图书形式。如今，绘本阅读已经成为全世界儿童阅读的时尚。因此，在低年级进行课内外整合阅读，绘本自然成为优秀读物的首选。

我与老师们一起研究低年级整本书，尤其是《我有友情要出租》绘本阅读研究课，通过将近一个月的反复研究、磨课，在多位专家、教学领导、老师们的引领、指导和帮助下，使我对如何在低年级的语文教学中进行课内外整合阅读、如何培养低年级学生良好的阅读习惯和方法等方面有了新的认

识，在之后的教学工作中，我也进行了这方面的大胆尝试，使学生爱上了绘本阅读。

一、课内外整合阅读，丰富学生的阅读积累和体验

《小学语文课程标准》中指出："学生在语文实践活动中，通过整体感知、联想想象，感受文学语言和形象的独特魅力，获得个性化的审美体验；了解文学作品的基本特点，欣赏和评价语言文字作品，提高审美品位；观察、感受自然与社会，表达自己独特的体验与思考，尝试创作文学作品。"语文教学不能只局限于"教教材"，还应将课内外阅读有机整合，将学生带入更广阔的阅读天地中。《我有友情要出租》的教学，我从二年级上册第八单元"相处"这一主题入手，单元整合，引出绘本《我有友情要出租》，作为学完单元之后的补充阅读内容，有意识地引导学生从课内阅读向课外阅读延伸，丰富学生的阅读体验，使学生对如何交朋友这个问题有更多感悟。在课内阅读的基础上将学生的阅读引向课外，引向生活，同时训练了学生的思维能力和表达能力，提升了学生的语文素养。

在轻松愉悦的课堂氛围中，我为学生搭设自由表达的平台，精心设计"三读"绘本，激发阅读兴趣，丰富阅读体验。在课堂上，课内阅读成为课外阅读的凭借和依托，课外阅读成为课内阅读的扩展与补充。学生在读中有所思考，在读中有所收获，使学生得到综合、全面的培养，进而提高学生的语文核心素养。

二、书香时刻静心阅读，培养良好阅读习惯和方法

课堂时间毕竟有限，而且我们要完成一定的课内教学内容，留给课外阅读的时间更加有限。因此，我根据绘本故事简短、很快就能读完的特点，随时随地带领孩子们一起读绘本。晨读时间、午饭后、每周三中午的书香阅读时间都是我和孩子们一起阅读绘本的欢乐时刻。读完后，我经常会提出一两个小问题引导学生一起讨论交流，学生的阅读理解能力和表达能力得到了提

升。我还经常利用周三中午的书香阅读时间组织班级读书交流会，大家一起分享绘本故事，进行好书推荐、读书交流，孩子们对绘本阅读的兴趣越来越浓厚。

三、巧用绘本育新苗，国学诵读健心智

利用绘本进行学生初入学时的学前教育。我带领一年级新生一起阅读《大卫上学去》，孩子们在有趣的绘本阅读中，明白了在学校应该怎样上课、怎样课间休息、怎样用餐……避免了枯燥乏味的说教和训练，孩子们更加喜欢上学了。

每天早上，我带领孩子们一起诵读古诗，每周五下午，我带领孩子们一起诵读《三字经》《弟子规》，学生在积累优秀传统文化的同时，也学习了做人做事的道理。

怎样使学生爱读书、会读书，是我们语文教师永恒的课题。我愿不断探索，大胆尝试，用绘本敲开孩子们的阅读之门，将他们带入更广阔的阅读天地。

第五节　在阅读中比较，在比较中阅读

"组合阅读"为学生提供了一个开放而活跃的语文学习平台。组合阅读让学生获取信息的触角向外延伸，让学生多读、博读，以教材为中心，以课堂为中心向外延伸。小学阅读教学重点是"培养学生具有感受、理解、欣赏和评价的能力。逐步培养学生独立阅读、探究性阅读和创造性阅读的能力"。我校语文教师在研究组合阅读的过程中，将同主题文章从不同角度、不同层次的比较作为研究形式，课堂教学引导学生经过阅读—观察—分析—概括—再阅读进行比较—归纳—感悟等一系列的学习活动，发展语文能力，延展思维空间，培养学习语文的情感。正如有心理学家所说："比较是人最珍贵的智力因素，是人们辨别、确定事物异同的思维过程和方法。"可以说比较是一切理解和思维的基础，而在阅读中比较，在比较中阅读则让学生对语文学习有了更多的发现，更快的发展。

下面我以四年级下册第四组课文《猫》和《母鸡》、《母鸡》和《柱子上的母鸡》为例。

《猫》是四年级下册第四组"动物朋友"专题下的文章，是老舍先生写的一篇状物抒情散文，课文细致、生动地描述了猫的古怪和它满月时的淘气可爱，文章结构严谨，条理清晰，语言优美朴实，浅显易懂，字里行间流露出作家对猫的喜爱之情。《母鸡》是老舍先生另一篇脍炙人口的佳作，描写了作者对母鸡的看法的变化，表达了对母爱的赞颂之情。课文以作者的情感变化为线索，前后形成了鲜明的对比。前半部分写了母鸡的无病呻吟、欺软怕硬和拼命炫耀，再现了一只浅薄、媚俗的母鸡；后半部分则描写了母鸡的负责、慈爱、勇敢和辛苦，塑造了一位"伟大的鸡母亲"的形象。作者对母鸡的情感由"讨厌"转变为"尊敬"。

那么如何在阅读的比较中提升学生的阅读素养呢？我首先将本课教学目标定位：回顾本单元学习内容，了解同一名作家如何写不同的小动物，不同作家描写相同的小动物写法的不同；感悟作者笔下各种动物的特点，发现作者描写小动物的情感共同之处；比较《母鸡》与《猫》《柱子上的母鸡》表达上的异同点，感悟老舍先生语言的魅力。

教学重点包括：比较《母鸡》与《猫》《柱子上的母鸡》写法表达上的异同点；感悟作者笔下各种动物的特点，感受作者语言的特点，发现作者描写小动物的情感共同之处。

难点：引导学生自读自悟，体会母爱的伟大，并通过比较老舍两篇文章的特点，感悟作者的语言风格，加强语言实践。

课程伊始，我首先回顾了第四组课文，接下来引导学生，其中《猫》的作者是谁你们还记得吗？（老舍）本组课文中还有一篇老舍的作品是？（《母鸡》）。两篇文章出自同一位作家之手，那它们有什么相同之处和不同之处呢？今天我们就在比较中进一步走进两部作品。

学生在学习完两篇文章之后进行再阅读，比较《母鸡》和《猫》两篇文章的异同。在交流中学生谈到：第一，在内容上不同，一篇是写猫的性格和可爱，一篇是写母鸡孵出小鸡前后的种种表现，写母爱。第二，在情感的表达上，《猫》通篇都在写猫的可爱，无论是猫的古怪，还是猫的淘气，从始至终都是一种喜爱之情；而《母鸡》则写了由"讨厌"到"不敢讨厌"的情感变化，用前后的强烈对比，加深了对母爱的赞颂。都是对小动物的喜爱，但《母鸡》更多的是表达作者最后所产生的敬畏之情。由此可以看出学生感情很细腻，关注到了作家的情感，一篇是喜爱之情，一篇是赞颂伟大的母爱，情感相似。第三，两篇文章的结构都非常清晰。《猫》写了猫的性格古怪和淘气可爱，由两部分构成，并以"小猫满月的时候更可爱"为过渡句，将两部分内容紧密地联系在一起；《母鸡》可以明显分为母鸡孵鸡雏以前和孵鸡雏以后两部分，以过渡段使文章浑然一体。段落的清楚让人读起来"一目了然"。在叙述动物的特点时，作者善于用总分段式。如写猫，先写"猫的性格实在有些古怪"，再具体写它的表现。写母鸡时，先写"我一向讨厌母鸡"，再写它令人生厌的三个方面。第四，老舍先生都是用生活化的语言去描述猫和母鸡，读着觉得像聊天，拉家常……语言相似。这一内容是孩子们学习感悟的重点，我引导学生：你能读一读两篇文章中这样的语句，带着我们感受一下吗？就像老舍先生在和我们说话，这样的语言还有吗？还有谁有同感也来读一读？同桌相互听一听。

此时我呈现了老舍先生的介绍，人们常说老舍先生的语言附有京味，读起来就像大白话一样。这源于老舍先生 1899 年生于北京一个旗人家庭。生在北京、长在北京的他可谓是一个地地道道的老北京人，过着普通人的生活，北京城大半个世纪发生的大事小情、生活的点点滴滴都被他当成创作的题材。因此大家这样评价老舍先生：作品通俗浅易，朴实、自然、无华。语言富有北京韵味，幽默亲切，耐人寻味。同学们再来感受一下老舍先生的语言魅力吧，谁想读一读这样的语言？读出了口语化的味道，老舍先生真不愧是语言大师啊！听了同学们的朗读，再回到这段文字看一看，这种体会是不是更深了呢？体会：老舍的作品通俗浅易，朴实、自然、无华。语言富有北京韵味，幽默亲切，耐人寻味。以上过程是学生再阅读进行比较—归纳—感悟，顺学而导，不必强求答完整。

这是学生完成的第一次比较，我梳理总结：在进一步欣赏老舍先生作品的同时，同学们的交流中其实也在学习如何在比较中欣赏文章，在读同作家不同作品时我们可以从哪些方面去比较呢？（从内容到情感再到表达。）那你们能说说我们在读同一作家作品《猫》《母鸡》时你有了哪些发现呢？（学生具体说：内容不同，情感相同，语言相似，结构相近）此时引导：由此我们也看出一个作家的本色，无论写什么样的文章，作品中都会有自己的主张和特色，所谓文如其人就是这样。学生正是在阅读中不断比较，在文章内容、结构、语言、表达中有了认识和分析，可谓觅章得法。

在实践中第二次比较，我请同学们按刚才的方法比较学习《母鸡》与《柱子上的母鸡》的异同。用这样的阅读方法再来读一读不同作家的相同题材的作品，看看大家会不会在比较中又有发现。可以读一读，也可以写一写，画一画。自读之后我们在小组中交流，开始吧。小组交流，学生相机写板书，学生以小组为单位进行汇报补充。预设一：《母鸡》描写了爱护小鸡的伟大母亲。《柱子上的母鸡》也是写母鸡保护小鹅的故事，体现的都是母爱。（内容：相似）预设二：从情感上看，都表达了作者的喜爱和敬畏之情。读者因爱而感动！（情感：相同）预设三：都是通过具体的事例突出了小动物的特点。预设四：在语言表达上，《母鸡》更富有京味，而《柱子上的母鸡》语言中想象的部分很多。（语言：不同）预设四：一篇为总分，一篇为按事情的发展顺序！（结构不同），最后老师和同学归纳小结，在读不同作家相同题材的文章时有了怎样的思考？我们读不同作家的相同作品有什么好处呢？看到同样的事物，好比 40 多个同学看母鸡，看到的基本一样，可表达起来就不同了，可见一个题材语言的丰富多彩，各具特色！学习方法的迁移，使学生对于文学有了更多且更深入的感悟，在比较中自读自悟，这样的学习举重若轻。

从课内到课外，我最后再次推荐学生将作家丰子恺的《阿咪》与老舍先生笔下的《猫》进行比较阅读。再来谈自己的发现……

综合起来，对于比较阅读的作用，我总结有以下几点：

一、在组合阅读中发展语言

课上教师引导学生对比阅读，组合的文章是同作家的不同作品、不同作家的相似作品。这不是要认识一下文中所写的人物事物，而是要把两篇文章相关联起来，目的是发现规律。比如我们把老舍的《猫》和《母鸡》放在一起，学生正是在阅读中不断比较，在文章内容、结构、语言、表达中有了认识和分析，发现的规律是老舍的语言规律，特点是京味，朴实无华。让学生体会到老舍语言的魅力。最后变成一种文学化的对老舍的评价，浅显易懂。这就不是单纯的猫多可爱呀，母鸡多有意思啊的认识。我们要从这些跳出来，看到作者。看一篇文章就看文中的事物，而看多篇文章，研究的则是写文的人。老舍先生的作品通俗浅易，朴实、自然、无华，语言富有北京韵味，幽默亲切，耐人寻味的语言特点深深地印在了学生心里。下面我们试着用这样的阅读方法再来读一读不同作家的相同题材的作品，看看大家会不会在比较中又有发现，中外作家由于生活背景和时代的不同，文笔也大相径庭，可见一个题材，语言可以丰富多彩，各具特色！

二、在比较交流中激活思维

在强调培养创新人才的今天，发展学生的思维能力显得尤为重要，而比较阅读对发展学生思维的敏捷性和流畅性、灵活性和变通性、新颖性和独创性、深刻性和批判性都极具优势，尤其值得大力提倡。如何求同求异？思维有两个翅膀：一个是求同，一个是求异。求同在于认识事物的共性，求异在于发现事物的个性。比较阅读就是运用比较思维法，本身就是要从具有同一性的事物中寻找其差异，求异存同，以确定被比较对象的共同点和不同点。有比较才有鉴别。只有通过比较才能领悟到作者为什么用此而不用彼的奥妙。因此，阅读教学时，应当让学生从比较中理解，从比较中鉴赏，从比较中学到他人的遣词造句之艺术技巧。我校倡导的组合阅读将大量的阅读实践放到课堂上来，使学生从一篇到多篇，从一文向一类，从一课向一单元拓展、迁移、总结、提升，帮助学生打开联系的视野，不断使学生生成新的发现，形成更丰富、系统的语言认知，产生更多元的思考，延展了学生的思维空间，真正提高了学生语文的综合能力。

三、在文学欣赏中培育情感

课标上对小学生课外阅读量的要求是，小学六年不少于 150 万字。第一学段不少于 5 万字，第二学段不少于 40 万字，第三学段不少于 100 万字。这个要求我们要尽可能大量地分配到我们的课内阅读之中，化解到我们的课内阅读中去。课内的阅读方法，能否迁移到课外的文章中去，如果学生能饶有兴趣地品味文学作品，我们的语文课就有"味道"了。正如特级教师张立军老师所说"文章思有路，遵路识思真"。比如我们讲老舍的不同作品，我们要先认识老舍先生，认识老舍的文风，老舍的为人，再进入老舍的《猫》，我们就能看到这猫真不一般。我们要找到一个规律。当学生提到老舍的文章净是大白话，老师就要有所提炼，所以有人评价老舍的语言是浅显易懂，老舍被称为人民文学艺术家，因为京味十足，浅显易懂，让老百姓爱读，看看有多少这样的语言在文中显现出来了？举一反三。

我们的组合阅读旨在谋求学生的发展，传承祖国优秀的文化，培养学生热爱语言文字的情感。可见，比较既是一个过程、一种方法，更是一种意识、一种思想。通过比较，可以凸显事物的共性或个性，深化理解，获得新的思维视角，拓展、提高自己的认识。这样的组合阅读既丰盈学生的语文课堂，又滋润学生的心灵！

第六节 中年级阅读教学：成人之源，树人之本

阅读是语文之本，是托起学生语文能力和素养的最主要支柱；阅读是学习之母、教育之本；阅读是成人之源、树人之本。中年级的阅读，是低年级

阅读教学的巩固与发展，同时又是高年级阅读教学的基础，起着"承上启下"的作用。因此，正确把握中年级阅读教学的重点，是提高中年级阅读教学实效的重要保障。下面我就以中年级阅读教学，谈谈自己的一些学习所得和体会。

一、重视词句训练

集中识字后的三年级学生，有较好的字词基础，课文里遇到的，多数是熟悉的词语，但这些词语，在具体语文环境中该怎样深入地理解，应是三年级进行词语训练的重点。我们要更加重视引导学生掌握理解词句的方法。如，引导学生自觉运用查字典、联系上下文等方法准确理解词语，如，三年级上册《秋天的雨》（联系上下文，我理解了"五彩缤纷"的意思。）《铺满金色巴掌的水泥道》（通过查词典和联系生活，知道"明朗"的意思。）要抓住文章中含义深刻、结构复杂、难理解的句子进行训练，以便更好地理解课文。

指导学生读懂总起句和过渡句的意义和在文章中的作用，也是十分重要的。如三年级下册《赵州桥》一课，我抓住"赵州桥不仅坚固，而且美观"这个过渡句，引导学生体会过渡句的作用。这句话的前半句是对上文的总结，下半句是对下文的提示，起着承上启下的作用，能帮助学生更快、更准确地了解课文内容。

二、坚持"以读为本"

（一）加强朗读的指导

1. 要重视示范朗读

低年级学生还没有形成对语言的敏锐感受力，即通常所说的"语感"，长句子往往不会断句或者读不通，这就需要教师给予必要的指导。指导朗读，应尽量避免单调枯燥的技术性指导；小学生模仿能力很强，教师要重视示范朗读。示范朗读，既可以是长句子或者学生不易读好的句子，也可以是全篇课文。无论是老师的范读，还是学生朗读，老师都应该提出明确的听、读要求，如：认真听听，看看发现什么问题；认真倾听也是一种良好的学习习惯，并进行及时的评价，可以是老师对学生的评价，也可以是学生之间的评价。用评价来促进读书质量的不断提升。

2. 朗读要体现层次性

文本需多读，但每一次读书的要求、读书的目的都应该有所不同。有的老师提出：第一课时的朗读，要能够读得正确、流利，知道课文主要讲了什么；第二课时，要达到有感情地朗读。当然，这是通常所说或一般而言，不是说所有课文的朗读都要这样做。有的课文往往只需要一个课时，有的需要三个课时，还有的课文如果不太适合感情朗读，可以不提感情朗读这一要求，着重引导学生学习默读。下面给大家介绍一下我总结的七步阅读：

初次三读：

一读，边拼边读，读准字音，要求把生字拼至认识，含生字的句子进行回读，直至把句子读正确，完全扫清字音障碍。教师课堂操作时可让学生先按要求自学，然后进行检查。首先检查词语认读，再查读含生字的句子。

二读，读通句子，长句、生涩的句子回读。在读中找寻怎样词组连接和把握停顿、节奏。对于个别难度句，可用"——"标出，在教师的指导下练读，解决不通畅的问题。

三读，概括内容，厘清脉络。这次阅读，最好让学生默读，要求学生边读边思考课文主要讲什么？然后理出课文主线：先写什么，再写什么，最后写什么，每部分写了些什么，让学生有一个总体而比较清晰的印象。

再次精读：

四读，读重点部分，找出重点句子。要求学生能在阅读中找到引领课文中心的句子、情感丰富的句子、含义深刻的句子或部分。

五读，品出重点字词句的妙处。文章的深入理解，首要任务是品味重点字、词，只有这样才能做到事半功倍的效果。这一步骤主要是师生选择两三处比较有代表性的句子，进行研读、品味。

六读，读出情感；读出个性。阅读是个性化的行为，不应以教师的分析来代替学生的阅读实践，我们要珍视学生的独特感受、体验和理解。在感悟、体会的基础上，学生才能读出自己的理解，读出自己的体验，读出自己的韵味。

最后一读，读写结合，提升情感。

（二）注意默读的指导

低年级开始要注意引导学习默读，要求学生不指读，不动嘴唇，不发声音。中年级仍然要重视加强默读的指导，提高默读的速度。默读比朗读的速度快，也更利于思考。要培养学生一边默读，一边思考的习惯。读后要有自己的感受，学习对课文中不理解的地方提出疑问。默读课文，一般要对学生提出默读的要求，读完后，要交流感受，质疑问难，组织讨论，解决问题。教学中引导学生质疑问难，目的是听听学生有什么问题，教师对于学生在质疑问难的过程中提出的问题，要善于疏导，进行归纳，明确哪些问题学生之间能够自己解决，哪些问题需要师生共同解决，要突出重点、难点问题，"顺学而导""以学定教"。

（三）在阅读中提出问题

在阅读中提出一个问题比解答一个问题更重要。要想使学生全面理解文意，深刻把握核心，还需要让他们对课文中重点的内容精心阅读、仔细品味叶圣陶先生曾经指出："阅读有时不仅要了解大意，还要领会那话中的话，字里行间的话，———也就是言外之意，不能读得太快，要仔细吟味；这就更需要咬文嚼字的功夫。"看来，文章要反复阅读，反复"吟味"，才会有所感悟，有所收获。这就出现了一个时间问题，我们要精读、细读，仅靠课上几十分钟不够用，怎么办？对此，我给老师们的建议是：上课的时候应该以学生的活动为主，教师的活动应该压缩到最低限度。腾出时间，让学生进行必要的、适当的品味、鉴赏。我们要抓住重点词句来提问题。重点词句是指在句段中起主导作用的，与课文重点关系密切的、概括性强的内容。

教学中我总结了两种方法：

第一种是抓住关键词语质疑：

1）对不懂的词语质疑。

2）对重点词语质疑。

3）对词语的选用质疑。

4）对重复的词语质疑。

第二种是抓住重点句质疑：

1）对不理解的句子质疑。

2）对重点句子质疑。

3）对含义深刻的句子质疑。

4）对有修辞特点的句子质疑。

三、引导语言积累

重视语言积累是《语文课程标准》中一个重要的指导思想。在理解的基础上，通过朗读、背诵、摘抄等形式，积累课文中的优美词语、精彩句段，同时培养学生对好词佳句的敏感，养成积累词句的习惯。中年级以后，课后练习中对词句的学习和积累，采用了较灵活的有一定弹性的安排，体现了让学生自己选择练习内容，自己选择练习方法的思想，教学时要注意这一编排特点，落实词句训练的基本要求，扎实进行训练。词句的积累关键在于教师的引导，引导得好，会使学生的语言积累更符合学生的不同情况，而且养成主动积累的习惯，对丰富学生的语言积累、对今后的学习是终身受益的。如：在不少单元语文园地中的《日积月累》包含中华优秀传统文化元素，可以引导学生制作书签和座右铭卡，这样既达到了积累的目的，又有教育价值。积累语言的另外一条途径就是：引导学生积累在课外阅读和生活中获得的新鲜语言材料。教师要重视指导学生选择好的读物，提供交流课外阅读成果的机会。学生到了三年级，已经掌握了 2000 多个常用字（包括课外识字），具备了一定的阅读能力，要引导学生多读一些课外书，增加积累，进一步提高他们的阅读能力，养成读书看报的习惯。

　　总之，学生的阅读能力必须通过学生自己读、自己探究课文来提高，即"通过阅读来学会阅读""在阅读中学会阅读"。阅读能力也只有在学生自主阅读的过程中，在学生自主感受、自主理解、自主鉴赏的过程中，才能得到锻炼、促进和提高。作为语文教师，在阅读教学的改革中，要逐步克服重写轻说的倾向，充分调动学生阅读的积极性，广开言语，让思路畅通，课堂的气氛就会活跃起来，学生才会在书声琅琅、各抒己见、议论纷纷的环境中养成多语善言、熟读精思的习惯，使学习能力得到充分的培养和发挥。

第七节　优化习作教学模式，促学生乐于表达

　　我国在几千年来的教育教学上有着许多宝贵的经验，尤其重视作文。封建社会实行"以文取仕"的制度，"学而优则仕"的观念把写作提到一个至高无上的地位。今天，我们虽然摒弃了古人把写作完全"神化"的思想，但从现代社会发展对人才需要的高度，作文仍为语文教学中的一个重点。

　　语文课程标准中明确规定"写作能力是学生语文素养的综合体现"。培养学生的写作能力有利于提高学生的听、说、读、写能力，它是一种综合的思维训练过程。学生通过识字与写字、阅读、口语交际、综合性学习，内化优秀的汉语言文化成果，最终通过写作，表现出一定的语文素养。我们可以通过学生的习作，看到他们的内心世界、认知水平，看到他们对语言文字的使用，以及词汇、语法的积累，还可以感受到学生的品行修养及审美情趣等。写作是学生思想展现的最佳形式，所以叶圣陶提出的"作文即做人"的观点不容置疑。

　　长久以来的教学经验使我体会到，大部分学生对作文有一种惧怕的情绪，不知道写什么、怎么写，这一方面说明学生反感作文，另一方面说明作文教学的现状不容乐观。在这里我们重温一下叶圣陶的话："口头为语，书面为文，文本于语，不可偏指，故合言之。"也就是什么叫语文，平常说的话叫口头语言，是语，写在纸面上的叫书面语言，也就是文。我们叫学生学

语文，为的是用语文，也就是学以致用。经过学习，学生读书比以前读得透彻了，写文章比以前写得通顺了，从而有利于自己从事的工作，这才算达到了学习语文的目的。

一直以来，我们的作文教学不厌其烦地将一些作文知识和方法像公式一样抛给学生，让学生死记硬背，套用现成材料与模式。这种重形式、轻内容的僵化训练，相当程度上，漠视了学生的个性化体验，冷落了他们对社会及生活的敏锐洞察，结果必然窒息学生自主思考的能力，压抑学生的个性心理，使得学生的写作游离于生活之外，于是学生的写作兴趣被扼杀，写作能力不仅没有得到提高，反而降低了。而近几年随着大家对语文教学本体认识的回归，人们不再一味地进行作文技巧的指导了，考试中的作文也多是半命题甚至是自命题了，老师们在作文教学中强调最多的就是要写真事、抒真情。即便是这样，学生们的写作兴趣还是没有很好地被调动起来，面对每册书中的习作练习，学生很惧怕，老师很苦恼。怎样才能让学生爱写作文、会写作文、乐写作文？成为我在教学中思考很久的问题。我认为必须重视对作文教学的深入探讨与实践研究。

一、激发兴趣、厚积薄发，让学生成为真正的主人

学生是具有主观能动性的，在作文教学的过程中，学生情感会随时参与并不断变化。积极的情感会对学习写作起到推动作用，而消极的情感会对学习写作起到抑制作用。因此，要使学生真正投入到学习当中来，我们必须培养学生的兴趣。兴趣是最好的老师，在培养学生写作兴趣方面，可采取以下措施：

（一）营造宽松和谐的教学氛围，激发学生学习兴趣

在课堂教学中为了激发学生的写作兴趣，必须首先为学生营造一个宽松、和谐、民主、自由、开放的人文教学氛围。学生是学习的主人，从心理学的角度看，只有当个体获得充分的心理安全，能被社会和群体承认和信任，而且感到很大程度上的心理自由时，才能展开积极的思维，产生对知识

的渴望，才能迸发出创新的火花。因此，创建和谐、民主的教学环境是在课堂教学活动中激发学生写作兴趣的重要前提条件。

（二）观察、积累，做到厚积薄发

让学生爱写作文、乐写作文，关键是解决让学生写什么的问题，也就是先要关注写什么，而不是怎么写。写什么是解决材料问题，怎么写是解决技巧问题。对于学生写作文来说，材料问题比技巧问题更重要，应该花大力气解决。只重技巧，不重材料，就等于让学生做无米之炊。

古人云："读书破万卷，下笔如有神。"强调的是让学生从书本上进行语言的积累。随着科学技术的发展，现在的学生除了读书还可以看影视作品、上网，这就要求教师要注意在平时的教学中激发学生的读书兴趣，通过大量的阅读、背诵使学生的素材得以积累，词汇得以丰富，语言得以发展。

"问渠哪得清如许，为有源头活水来"！知识积累是一方面，然而更重要的是生活的积累，也就是让学生做个有心人，养成在生活中多观察、勤思考的习惯，关注社会、人生、大自然等。这里的观察不是一般的看，而是特殊的看，其中倾注着个人的情感，并力图发现事物体现自己这种情感的那些特征。这样学生在作文中才能写出自己的真情实感，语言才会如汩汩的清泉从学生的心中奔流出来。让学生在自己的生活中积累写作素材是向写好作文迈进的第一步。

（三）我手写我口，我手表我心

作文教学改革首先要从我们教师解放思想开始，坚持学生自主的原则，充分尊重学生的自主意识，要善于调动学生写作文的主动性和创造性。开放性地进行作文教学，把作文教学与学生的生活融合在一起，而不是将联系生活作为为作文教学服务的手段。不限定学生写作范围、写作题材。写什么，怎么写都交给学生，教师的作用就是点拨、指导。不要对学生的作文求全责备，以致挫伤学生作文的积极性。学生的作文能达到文从字顺即可。要将学生的注意力吸引到更广阔的领域里，开阔学生的视野，放飞学生的心灵，发展学生的个性，引导学生去细心地感受生活中的一切，然后有感而发。这样使作文不再是学生的一种负担，一种由别人强加的任务，而是生活的需要，个人感情宣泄的需要，变要我写为我要写。

二、遵循规律、讲究方法，提高作文教学的实效

（一）培养学生写作能力要遵循学生的认知规律

从量的要求上讲，要体现层次教学。低年级以训练好写话为主，中年级以训练好写段为主，高年级以训练好写篇为主。这样明确各年级段的教学目标，在实际教学时，所涉及的教学内容就会符合学生的年龄特点、智力水平与知识结构。

《义务教育课程方案（2022年版）》指出："把握学生身心发展的阶段特征，注重幼儿园、小学、初中、高中各学段之间的衔接，体现不同学段目标要求的层次性。"从质的要求上讲，我们清楚地认识到学生在学习过程中，认知水平、知识结构、逻辑思维、表达能力等是存在差异的，在作文教学中学生的习作水平也是参差不齐的。因此，必须注意针对不同阶段的教学，采取不同的方法，要有不同阶段的要求；针对不同水平的学生，要求不一样，评价标准也应不一样，要由浅入深、循序渐进。这样才能使教学更趋向有的放矢、因材施教，同时达到保护学生写作兴趣的目的。

（二）培养学生写作能力要从学生实际出发

在培养学生写作能力的过程中，首先要明确学生是作文的主人，作文一定要以学生为主体，教师为主导。要研究学生的认知规律，学生在课上可能出现什么问题，怎么能让每一个学生都有所发展，这就是一切从学生的实际出发来钻研教学，在这个基础上再设计教学过程，就比较合理。

1. 从问题入手，消除学生对作文的惧怕心理

培养学生的写作能力，首先要解决的一个问题，就是消除学生对作文的惧怕心理。要想解决这个问题，首先要弄明白学生怕什么？学生虽然知道一些写作知识，但是不知道从何下笔，怎么把这件事写清楚，看着别人洋洋洒洒一篇文章，自己的笔下就是什么也写不出来，很苦恼，于是烦作文。写不

出多少文字，看到别人受到表扬，内心又感到自卑，再就是作文本上老师指出的一大堆不足，学生慢慢就会对作文从失去兴趣到变为害怕。

针对这样的学生，老师首先要减少学生写作前的心理压力，减少对作文过程的各种限制，多鼓励、多指导，先不要求学生能写多少字，只要能把自己看到的、想到的清楚地写出来，就要表扬。其次注意发现文章中的优点，哪怕只有一个比喻句用得很恰当，一个词用得好，也给予表扬。这样可以让不同水平的学生都能得到不同程度的肯定，努力促成各类学生写作的成功体验。坚持下来，学生写作文的积极性就会得到极大的激发。

2. 从内容入手，关注学生的生活实际，创设情境，引起学生表达的欲望

学生作为学习的主体进入学习状态，一定要思维和情感真正参与。一节课的教学过程中，必须尽快通过教师的作用使学生的思维兴奋起来或使情感逐步调动起来，并使思维和情感都集中于所学的内容上。过去，我们所处的社会背景，使我们认为，教师和课本是知识的拥有者，学生在走进课堂的时候，对于学习总是充满一种渴望。然而今天，由于社会的发展，信息手段的丰富，学生对许多教学内容已经知道，甚至司空见惯，兴趣无从谈起。

这就要求我们必须认真备课，针对学生的实际，从教学内容入手，选取与学生生活密切相关的，学生有亲身体验的题材，来进行作文教学，通过教师精心创设的情境，引起孩子们在情感上的共鸣，激发学生的表达欲望，使学生在不知不觉中进入到学习中来。如有这样一节作文课，老师在和学生们亲切打招呼，然后说："看到同学们一张张笑脸，我不禁想起了我曾经教过的一个学生，他给我留下很深刻的印象，除了他很胖以外，最主要的是他很执着，记得有一次……"老师像聊家常一样讲述了一件表现这个学生很执着的事情。学生听得很投入，转过来，老师问："在你们的生活中有没有你很熟悉，或是给你留下很深刻印象的人，来给我们介绍介绍。"学生们一个个举起自己的手，讲起了自己熟悉的老师、姥姥、同学、邻居等。就这样学生们很自然、主动地进入到作文教学中来，作文课不再枯燥，作文不再是件可怕的事，而是一件很有意思的事情。

3. 从知能入手，研究有实效的训练

（1）要注意训练学生掌握不同体裁文章表达的最基本方法

在小学阶段，我们对学生进行的作文教学主要有：写人、写事、写物、写景等类型。对于这几个主要题材的作文，我们在写作教学时可以与理解、感悟结合起来，对学生进行训练，比如写事的文章，我们要抓住事情发生的时间、地点、人物，以及事情的起因、经过、结果这六要素来进行描写，其中事情的经过需要详写；写人的文章，要抓住人物的外貌特点、人物的语言、神态、动作、心理来表现人物的思想感情。还有写景的文章要抓住景物特点来描写等。我们在平时的作文教学中，要把这几个题材表达的方法让学生掌握，学生在写作时，就不会像没头的苍蝇一样乱撞了，就会有章可循，思路就会清晰，表达起来也会比较顺畅。

（2）以说促写，可以提高学生的表达能力

作文教学的实践证明，"说"有助于"写"，经常性的口语训练能锻炼学生的选材、构思、语言表达等能力。教师和学生之间，学生和学生之间双向或多向交流信息，师生之间互相交流、互相讨论，教学信息及时反馈、及时评价、及时矫正、及时调控，使得教学同步，学生的思维随时处于积极的状态，学生的表达能力在交流中得到锻炼、提高，也能使课堂教学达到比较好的教学效果。所以，要加强小学生的口语训练，例如，组织演讲比赛、辩论会、诗歌比赛、口头编故事等，引导学生由说到写，说写结合，以说促写，不断协调说与写的关系，学生的书面表达能力自然会得到稳步提高。

（3）阅读教学促进学生表达能力的发展

在语文课本中精选了许多文质兼美的文章，教师要引导学生去阅读那些容易产生共鸣的文章，学生通过对这些文章的学习，不仅提高了自身观察事物、认识事物、分析事物的能力，还学习了好的写作方法（包括修辞手法、表达方法等）。这时教师再让学生把对课文所产生的共鸣发散到自己的生活中去，寻找阅读教学与学生个性的切入点，从而引导学生把自己对生活的感

悟真实自然地表达出来。搞好读写结合，不仅可以促进学生表达能力的发展，还可以提高学生的写作能力。

(三) 培养学生作文能力，要在作文教学中改进评改方法

作文教学一般简化为"指导—习作—评改"和"预作—讲评—修改"等形式，其中评改与讲评在整个作文教学中起着不可忽视的作用。但据我了解，目前小学作文评改，或评语式，或评分式，或评级式，教师的态度大致可分为两种：敷衍了事型和越俎代庖型。要么对学生的作文草草批阅，要么对此字斟句酌。我觉得，这两种做法都对学生有百害而无一利。

为了克服这些弊病，在作文教学中，教师应充分发挥学生的主体作用，让学生主动参与到评改活动中来，提倡互批、自批、众改等方式，形成师与生、生与生之间的多向促进关系，使作文评改日益向学生自主、自能操作的模式发展，学生通过评改他人的文章，锻炼了自己的口语表达能力、分析能力、倾听能力，从而可以形成自己的评改能力。

总之，通过实践我感受到要在作文教学中树立为学生服务的思想，真正确立学生的主体地位，科学有效地改进作文教学的方法，让学生从怕写作文，到想写作文，再到会写作文，最后到爱写作文。让学生通过学习感受到生活是写作取之不尽、用之不竭的源泉。鼓励学生用自己的眼睛去看世界，用心去感受世界，用自己喜闻乐见的方式或语言表达出自己的真情实感，从而使我们的作文教学焕发出生命的活力！

第八节　声声朗读中，感受语言魅力

《语文课程标准》（2022 年版）指出："语言运用是指学生在丰富的语言实践中，通过主动的积累、梳理和整合，初步具有良好的语感；了解国家通用语言文字的特点和运用规律，形成个体语言经验；具有正确、规范运用语言文字的意识和能力，能在具体语言情境中有效交流沟通；感受语言文字的丰富内涵，对国家通用语言文字具有深厚感情。"在语言运用中朗读占有

不可替代的作用。下面我就结合《明天要远足》一课教学中的朗读指导环节和老师们做一交流。

首先，清晰的目标让课堂更有效率。《语文课程标准》要求："低年级学生要用普通话正确、流利、有感情地朗读课文，发音正确、清晰。"

每个教学环节，我都让学生充分朗读，但在不同阶段，有不同要求，这样学生在课堂上的朗读不断进步，学生对课文的理解不断加深，情感不断丰富。

指导朗读的基础是正确朗读，在初读课文时，要让学生读准字音，读通句子，分层次提出要求，避免朗读过程中的随意性。

在初读课文时，我以这样的要求引导学生朗读课文：

师：让我们先来读一读这首有趣的小诗歌，注意把字音读准确，遇到不认识的字拼一拼，读不好的地方多读几遍。

在学生自读课文、初步了解课文内容的基础上，我再次提出朗读要求：

师：让我们再来读一读，要做到不多字，不少字，不读错字。

师：读完后数一数这首小诗歌共有几小节，把它标注出来。

两遍课文朗读可以帮助学生扫清字词障碍，初步做到读正确这一要求。

在教学最后一次整读课文时，我不仅要巩固本节课所学生字，还要为第二课时唤醒学生产生共鸣情感做铺垫，于是我提出了这样的要求。

师：这节课，我们认识了这么多生字，还会写了两个字，小女孩第二天会见到什么呀？我们再来读读课文吧！

由读准字音，读通句子到读出诗歌内容初步体会情感，朗读的目标清晰，要求也不断提高，在不同层次的朗读目标驱动下，学生自始至终都能以饱满的情绪认真阅读，努力做到老师提出的要求，朗读的兴趣也提高了。

除了制定清晰明确的目标，我还运用了以下几种策略进行朗读指导。

一、问题引导，指导朗读

兴趣是学生学习的最大动力，琅琅的读书声离不开老师在课堂中营造出的朗读氛围。

在入课齐读课题环节，我用不同的语气提出两个问题，学生听后明白了老师提问的侧重点，并能用不同语气读出课题。

师：明天要去做什么呀？

生：明天要远足。

师：什么时候要远足呀？

生：明天要远足。

作为语文教师，不放过任何一个对学生进行朗读指导、培养语感的机会。课题虽短，但同样可以进行朗读指导，我以问题引导学生以回答的方式进行课题的朗读指导，不同的朗读重音能够表达出不同的语气，学生用不同语气朗读课题，激发了学生的朗读兴趣，调动了学生的朗读积极性。

二、关注标点符号，指导朗读

标点符号是朗读中需要关注的重点之一，它提示我们该以什么样的语气和语调来读。因此，在教学中我注意引导学生进行观察，去发现标点符号中藏着的秘密。如：引导学生关注学过的问号，请孩子们利用对问号已有的认知自己先试着读一读，在朗读交流中学习读出疑问的语气。又如：在指导学生读"唉——"一句时，我这样引导学生："同学们，这个字念什么呀？（出示"唉"）再仔细看看，它后面的长横线多像一条长长的尾巴呀，读的时候就要把声音延长，这是这个小朋友在叹气呢，该怎么读呢？都来试着读读。"把"——"形象地说成是一条长长的尾巴，直观地呈现了声音延长的朗读效果，提示学生这是小朋友在叹气呢，又渗透了声音长而轻的言语情感，在这样的引导下，学生既掌握了朗读方法，同时也兼顾了语境表达的情感，帮助学生很好地达到了朗读的目标。

三、借助实物感悟语言，指导朗读

刚入学的一年级学生，形象思维占主体，对直观的事物有着浓厚的兴趣。第二小节中出现了"洁白柔软"一词，学生很难想象洁白柔软的云是什么样子的，读起来自然有困难。这时我让学生摸一摸具有洁白柔软特点的棉花，我是这样引导学生的："同学们，洁白柔软什么样呀？老师带来了一个洁白柔软的物品，快来摸一摸它，你有什么感受啊？"

这时有的同学说棉花很柔软，很蓬松，白白的。我根据学生的感受总结洁白柔软的样子："是啊，像这样白白的、很蓬松的样子就是洁白柔软。"像这样让学生直观感受词语的意思，可以帮助学生理解课文，激活学生的兴奋点，让学生主动地朗读课文。

利用学生的视觉、触觉感知词语的意思，直观地帮助学生理解"洁白柔软"的样子，再结合语言情境进行朗读，自然是融情的了。

扎实的朗读基础离不开充足的时间保障，课堂上我还运用了自由朗读、同桌互读、指名读等方法，让学生广泛参与。就这样，课堂上我将几种朗读方法融会贯通，让琅琅书声贯穿语文课堂。

语文课堂上的朗读妙趣横生，是将书面语言变成有声的情感传递出来。作为语文教师要关注朗读，重视朗读，让学生在语文课上真正感受语言的魅力，让琅琅书声扎根语文课堂。

第九节　在统编教材的实施过程中培养学生语用能力

一、把握新教材变化，落实双线单元教学的过程

小学语文统编教材由中央关注和批准、教育部直接领导和组织编写。作为一线教师我们内心的理想是尊重新教材，理解新教材，用好新教材。

统编教材不光在选文方面，在结构、体例诸多方面也是努力做到有革新、有改进。温儒敏说，语文教材采取"语文素养"与"人文精神"双线组元的方式编排，以人文主题为线索，将语文素养作为另一条线索，精选典范文本，安排必要知识。以前的教材普遍都是主题单元，这次增加为语文素

养双线安排，这样有利于安排必要的语文知识，优化学习的策略，促进学生语言文字运用能力的发展。栏目也增加了很多，从小学到初中各方面栏目，日积月累、字词运用、书写提示、口语交际，还有名著导读，都比较重要，另外，还有一些活动探究的单元。

统编教材以单元组织，双线并行。宽泛的人文主题和螺旋上升的语文要素既是相互融合的，同时彼此又具有各自独立清晰的线索。

人教社陈先云老师在《用好统编教材需要树立六个意识》中说："要大胆地传授必要的语文知识，加强语文能力的培养，要做到一课一得。"一课一得说的主要就是语文要素。

人教社副主任徐轶老师在《关于统编教科书编排思路与教学建议》中提到新教材单元中有古诗词、中华优秀传统文化、阅读策略单元等，对于单元的内容理解和梳理知识点很重要，每一个单元都有每一个单元的收获。以前我们讲一课一得，当然现在我们还是一课一得，但是现在每个单元也有每个单元整体上的一个收获。

下面我们以统编教材小学语文二年级上册第八单元为例进行单元解读。

（一）单元概述

第八单元为本册教材中的最后一个单元，人文主题是"相处"，语文要素是"综合运用多种方法自主识字，自主阅读"和"借助提示，复述课文"。

本单元编排了 4 篇课文和一个"语文园地"的内容。

《狐假虎威》《狐狸分奶酪》《纸船和风筝》《风娃娃》这 4 篇课文，通过故事内容的学习，引导学生从不同角度去感受人与人之间的相处之道。

"语文园地"中安排了：识字加油站、字词句运用、书写提示、日积月累和我爱阅读等多种形式的语文实践活动，便于引导学生归类识记汉字，激发学生学习汉字的兴趣。

本单元内容共计 11 课时。

各课的知识点与能力点如下：

《狐假虎威》一课认识 15 个生字，读准 2 个多音字，会写 8 个字和 10

个词语；分角色表演故事；理解成语"狐假虎威"的意思。涉及识字能力、书写能力、阅读能力、理解能力和表达能力。

《狐狸分奶酪》一课认识12个生字，会写8个字和5个词语；分角色朗读课文；拓展积累词语。涉及识字能力、书写能力、阅读能力和朗读能力。

《纸船和风筝》一课认识11个生字，会写8个字和7个词语；综合运用多种方法自主识字，自主阅读；继续学习默读课文。涉及自主识字能力、书写能力和阅读能力。

《风娃娃》一课认识13个生字，会写8个字和12个词语；综合运用多种方法自主识字，自主阅读；借助提示讲述故事；积累词语。涉及自主识字能力、书写能力、阅读能力和表达能力。

《识字加油站》作为事物归类识字的内容，既承载着识记汉字任务，又引导学生从中不断丰富、感知、运用多种方法认字，进一步提高自主识字的能力；能够根据动物的不同特点，尝试不同的分类方法，激发学生的学习兴趣。知识点是：认识10个生字，正确认读10个词语；巩固形声字、带有"反犬旁""鸟字旁""虫字旁"汉字的构字特点。涉及自主识字能力的培养。

《字词句运用》是借助形声字构字特点，猜读拟声词的读音；能结合语境，准确运用拟声词。涉及自主识字的能力和词语运用能力。

《书写提示》是在引导学生自主观察、发现4个汉字结构特点的基础上，进一步了解左右宽窄大致相等的字的书写要点，积累书写规律。涉及观察能力和书写能力。

《日积月累》认识12个带有动物名称的成语；引导学生发现成语特点，熟读积累。涉及自主识字能力和积累能力。

《我爱阅读》安排了同为"相处"主题的童话故事《称赞》的阅读，旨在综合运用多种方法认字，自主阅读，了解故事内容，分享阅读收获。涉及自主识字能力和自主阅读能力。

这是本单元每一部分教学内容所涵盖的知识点和能力点。

（二）单元教学重点和难点

统编教材十分注重学生自主识字能力的培养与发展，经过之前的学习，学生已经掌握、积累了一些识记汉字的方法，本单元安排了《纸船和风筝》《风娃娃》两课全文无注音课文的学习，旨在鼓励、引导学生综合运用多种方法自主识字、自主阅读，这也是本单元教学的重点之一。

教学中，教师可以鼓励学生用多样的方式来帮助阅读，在《纸船和风筝》课后第二题、《风娃娃》课后第一题，以及语文园地八"字词句运用"中都提到了猜读这种方式，如根据语境猜读、借助插图猜读、根据字形特点猜读、联系上下文或生活经验猜读等。

此外，还可以借助查字典的方式来解决识字中的问题，进行阅读。从而不断提升学生的自主识字的意识和自主阅读的能力。

（三）教学时注意的问题

本单元另一个教学重点是"借助提示，复述课文"。在学生了解了《风娃娃》一课的主要内容后，课后题要求学生根据所给出的"风娃娃来到哪"的提示进行故事的讲述，而这样的训练并不是在本课才开始的，在本单元前几课的学习中也分别安排了，词语分类后分角色表演故事以及分角色朗读课文的内容，都是在帮助学生以不同的形式更好地了解故事情节、熟识故事人物，为复述课文做准备和铺垫。

因此，在教学中，教师要特别注意，要具有单元整体备课意识，把单元目标的实现合理、科学、有计划、有层次地呈现于各课的教学之中，落实各个分目标，以促进单元目标的达成。

另外，写字教学作为低年级语文教学的重点，在书写的指导和习惯的养成方面要引起教师的高度重视，要将每课书中要求学生会写的生字合理分配于每课时的教学中，做到每节语文课学生都能有 8 至 10 分钟动笔书写的时间，这样既可以分散学生书写的强度，又利于教师对学生进行细致而有针对性地指导，促进写字教学目标的实现。

以本单元第一课《狐假虎威》为例。

【学情分析】

1）学生喜欢读故事，容易被童话故事中的人物和情节所吸引。

2）课文语言生动有趣，可以在反复诵读中想象故事的情境。

3）表演可以帮助学生体会词语意思，以表演代替词句的分析，增强感受，引导学生感悟故事中所含的道理。

《狐假虎威》的故事孩子们并不陌生，因此，本课学习起来并不难。课文语言生动有趣，易于学生理解，学生朗读的欲望很强，根据学生的这一特点，可以让学生以各种方式读文，边读边体会狐狸和老虎的特点。此外，通过表演来理解部分词语，增强感受，可以让学生在活泼、轻松的环境中理解课文内容，积累词汇，明白故事所含的道理。以读代讲，可以让学生在反复诵读中体验课文情境，在朗读和表演中引导学生感悟文章主要思想感情。

【指导思想和理论依据】

阅读是搜集处理信息、认识世界、发展思维、获得审美体验的重要途径。阅读教学是学生、教师、教科书编者、文本之间对话的过程。阅读是学生的个性化行为，应引导学生钻研文本，在主动积极的思维和情感活动中，加深理解和体验，有所感悟和思考，受到情感熏陶，获得思想启迪，享受审美乐趣。

我们要珍视学生独特的感受、体验和理解，不应完全以教师的分析来代替学生的阅读实践，也要防止用集体讨论代替个人阅读，或远离文本过度发挥。

表演是学生的天性，求知是孩子的天性，好表现是孩子的需要，孩子的特点。课堂表演就是指课堂内容通过表演的方式再现出来，它可以让语文课堂形式多样，气氛活跃又能提高教学效率，是低年级学生比较喜欢和乐于接受的一种学习活动方式。

【教学目标】

能正确、流利、有感情地朗读课文。

1）认识本课15个生字，读准2个多音字，学写本课8个生字，了解生字组成的词语的意思，积累四字词语。

2）体会故事内容，懂得"狐假虎威"的含义。

【教学重点】

学习生字，能正确、流利、有感情地朗读课文。

【教学难点】

体会故事内容，懂得"狐假虎威"的含义。

【课时安排】

第一课时：认识"假、威"等15个生字，读准多音字"转、闷"，会写"食、爷、爪"3个生字，积累部分四字词语。了解故事大意，正确、流利地朗读课文。

第二课时：复习巩固本课新词，学写本课左右结构的5个生字。有感情地朗读课文并试着运用书上的语言表演故事内容。进一步体会成语含义，拓展阅读，积累成语故事。

【教学流程】

第一课时：

一、导入新课

首先，我们以猜谜语的形式激发学生的学习兴趣。

尖尖的嘴，细细的腿，狡猾多疑拖大尾。（狐狸）

像猫不是猫，身穿花皮袄，山中称霸王。（老虎）

由此引出《狐假虎威》的两个角色：狐狸和老虎。

请同学们谈谈在读故事中对狐狸和老虎的了解？一个狡猾，一个凶猛等。在他们之间会发生怎样的故事呢？学生带着阅读期待走进课文的学习。

接下来学生初读课文，认读生字。

二、字词教学

随文识字：本课生字较多，可以让学生在初读的过程中，借助音节拼一拼，读一读生字，培养学生自主正音的习惯。随文识字是一种很好的认读生字的方法，让孩子们能够借助语境来认识更多的生字。比如："狐假虎威"是本课的题目，其中"假""威"就可以在了解题目过程中引导学生认识生字。

多音字辨析："转"和"闷"是本课的多音字。教师可以先让学生联系以前的学习进行拓展补充。比如"转"表示改变方向和位置时读三声。围绕一个中心运动，读四声。可以试着让学生组组词。"闷"表示心情不好时读四声，不透气，表示空气不流通时读一声。学生可以试着用一用。

积累词语：本课中四字词语有很多，可以通过理解这些关键的词语，帮助学生体会故事内容。比如："大摇大摆、神气活现、摇头摆尾"，这些词语体会出了狐狸的得意与威风，而"半信半疑、东张西望"则感受到了老虎内心的不解和迷惑。教师可以通过做动作、观察图、词语分类、勾连上下文、联系生活等方法帮助学生了解词语意思，在讲故事和表演中积累运用这些词语。

三、课文教学—— 词文融通，了解内容

学习第一自然段，体会"虎之威"。

1）狐狸、老虎谁厉害呢？指名读第一自然段。

2）学生结合文字体会。

3）指导朗读第一自然段。读出老虎的威风来。

我们看第一自然段：

窜，逃窜；扑，拍打。"窜"说明狐狸本来是很害怕老虎的，想很快逃走。"扑"时间短，动作快，说明老虎是很厉害的。学生体会着这两个表示动作的词语，读中感悟老虎的凶猛。

学习第二至第六自然段，体会"狐之猾"。

1）各自轻声读第二至第六自然段，思考：狐狸讲了几次话？可以画一画。（三次）

2）想象一下当时的情景，狐狸、老虎的内心怎么想？应该怎么读？同桌练习分角色朗读。

3）指名读，学生评议。

4）老虎被蒙住了，松开了爪子。发挥你的想象，想一想这时老虎会怎么想？

三次狐狸的话，要引导学生反复体会。狐狸的第一句"你敢吃我？"是怎么说的？扯着嗓子，你能学一学吗？为什么会这样？狐狸这是虚张声势，再读读。

第二句则是在想办法吓唬老虎，又该怎么读？看看图，狐狸和老虎都在心里想着什么？狐狸想：我把老天爷搬出来，老虎一听才能害怕。老虎想：这小狐狸难道真的是老天爷派来的，我再厉害也不能违（二声）背天命。

老虎松开了爪子为什么狐狸不赶紧逃，还要再说带老虎去百兽面前走一趟？看第三句：狐狸摇了摇尾巴，说："我带你到百兽面前走一趟，让你看看我的威风。"尾巴一摇，我们知道狐狸有十足把握，老虎已经信以为真，你会怎么读？狐狸觉得自己了不起，想炫耀炫耀……引导学生读出这样的语气。这部分内容我们也充分体会到狐狸的狡猾。

学习七、八、九自然段，明白"谁之威"。

1）仔细观察课文中的插图，说说图意。

2）读出当时的情景。

3）纳闷什么意思？为什么野兽撒腿就跑？

4）体会老虎、狐狸和野兽的不同表现，有感情地朗读课文。

首先，仔细观察课文中的插图，说说图意。狐狸抬头挺胸走在前面真是威风，老虎半信半疑跟在后面。

接着想想这些词语的意思，读出当时的情景。

老虎跟着狐狸朝森林深处走去。狐狸神气活现，摇头摆尾；老虎半信半疑，东张西望。看到这个情境，大大小小的野兽都怎么样了？（先是纳闷接着撒腿就跑。）

看着插图，读着文字，想象着当时的情境，对于课文的大致内容孩子们基本已经了解。

四、写字教学

第一课时我们要学写三个字：爪、食、爷。

"爪"是独体字，"食""爷"是上下结构的字。

书写时还要引导学生看重点笔画："食""爷"是上下结构的字，两个字上半部分撇和捺要写得舒展。"食"最后一笔是点。"爷"的第五笔是横折钩。"爪"的笔顺还要强调，第三笔是竖，压在竖中线上。

第二课时：

先是复习、巩固词语表中要求掌握的词语：

食物　　身边　　爪子　　往常　　面前　　身后　　为什么

再请学生读准第二组词语：

神气活现　　东张西望　　半信半疑　　摇头摆尾　　大摇大摆

边读边体会词语的含义。

比如：老师来说词语的意思，你来选一选是哪个词语？还可以同学们来表演，通过观察动作、表情，大家猜一猜是哪个词语。

之后回忆课文内容，思考这些词语哪些是写狐狸的？哪些是写老虎的？词语分类，写狐狸的词语是：神气活现、摇头摆尾、大摇大摆。写老虎的词语是：东张西望、半信半疑。

这是课后第一题的部分内容。同样也是为后面的表演做准备。

之后学生进入课本剧表演环节。

第一幕：老虎逮住了狐狸。

在茂密的森林里，有一只老虎正在寻找食物。（他想：　　　　　）一只狐狸从老虎身边窜过。老虎扑过去，把狐狸逮住了。

"窜、扑、逮住"这些动作要演出来。正在寻找食物的老虎此时会怎么想？也可以表演出来。比如补充内心所想：饿坏我了，见到小动物我要赶快吃掉它们。学生在相互交流和启发中试着表演这部分故事内容。

这一环节教师分四步教学：

1）读这部分内容，你会怎么演狐狸和老虎？

101

2）请同学台前边演。大家评议。

3）带入情境想象，老虎在寻找食物时心里怎么想？

4）在表演中加上合理的想象，边演边评议。

第二幕，学生发现：狐狸和老虎的对话特别多，在表演时，老虎和狐狸说话时的语气要表现出来，说话时的动作和表情也很重要，还可以加些合理的想象……

这一环节教师分四步教学：

1）读一读，这部分内容，说说有什么特点？

2）表演时要注意什么？

3）同桌之间练习表演。

4）台前表演，夸夸同学哪儿演得好，再提提建议。

我们来看第三幕：刚才复习过的四字词语我们又遇到了，这次鼓励学生带到故事中再来表演。

本课文字中对话多，描写动作、神态的词语也较多，特别适合学生的朗读和表演。学生在第一课时的学习，通过初读和词语的积累，文章内容的大致了解，第二课时中可以放手让学生分小组演绎，引导学生在表演的过程中再次回到文中找到相关的词语，看看哪个同学能够很好地表演出来，说明他读懂了文章，了解了词语的意思，积累的四字词语也可以在讲述、表演的过程当中再进行运用。

这一环节教师分三步教学：

1）请同学戴上头饰分别扮演狐狸、老虎、小兔、野猪、小鹿。其他的同学当导演和观众，评评他们表演得好不好？

2）随机采访：小动物们，你们为什么跑呀？

3）从什么地方我们可以看出来狐狸是借着老虎的威风把百兽吓跑的？

看看最后一个自然段，你们知道"狐假虎威"的意思了吗？（狐：狐狸，虎：老虎，这个成语的意思是：狐狸借着老虎的威风把百兽吓走了。）

第四幕：老虎被骗的结局，说出故事的真相。

1）读出故事的结局。

2）体会其中道理。

语文书中也标注了，《狐假虎威》选自《战国策》。《战国策》是西汉刘向编定的，是一部史学著作。里面有很多这样的故事。教师可以在课上推荐阅读。

我们比较熟悉的《鹬蚌相争》的故事也出自这本书。大家来看。

放录音。我们来读一读这篇文章。

这篇文章的四字词语也很多，可以鼓励学生继续积累。我们要将学生语文学习从课内到课外，将课内外阅读相结合。

最后我们看本课要学习的 5 个左右结构的字。

区分偏旁："神"的偏旁是示字旁，学生第一次写到带有示字旁的字。教学时，可以与《大禹治水》中学过的带有衣字旁的"被"做比较。告诉学生在汉字学习中多一点和少一点要特别注意。

扩充识字：野猪的"猪"字，是带有反犬旁的字。学生认识的字当中带有反犬旁的字有很多，而且大多与动物有关，可以引导学生在课堂上进行交流，由一个字引发学生想起一串带有犬字旁的字，从而扩充学生的识字量，巩固识字。

书写时可以引导学生看宽窄：五个左右结构的字都是左窄右宽，可以引导学生统一观察找到规律，帮助学生自主观察，写好汉字。

二、重视教学中"阅读策略"的学习过程

阅读教学是在学生、教师、教材的编者和文本之间对话的过程。作为教师，应思考怎么引导学生去钻研文本，在积极主动的思考和情感活动中去加深理解和体验，让学生在这个过程中有所感悟、有所思考，受到情感熏陶，获得思想启迪，享受审美乐趣。这些做法，实际上也是小学语文学科落实中国学生发展核心素养的策略。在教学过程中，教师应该具有读者意识、读本

意识和读法意识。如果没有言语知识和隐含知识的双向传递，没有建立在其基础上的互动，整堂课便会成为无本之木，无水之源。

小学阶段是儿童发展的关键期，对其阅读能力的形成具有重要意义。统编教材从三年级开始，每个年级编写一个阅读策略单元（三年级：预测；四年级：提问；五年级：提高阅读速度；六年级：有目的地阅读），可以帮助学生形成良好的阅读习惯，提高自主阅读的能力。

三年级上册的第四单元是"预测"，旨在引导学生学习并掌握基本的"预测"阅读策略，借助阅读策略开展阅读，培养学生运用阅读策略的意识，成为积极的阅读者。

预测是一种思维活动，是读者在阅读过程中根据已有的信息对文本的情节发展、故事结局、人物命运、作者观点等方面进行自主的假设，并在阅读过程中验证，如此反复假设验证，不断推进的过程。儿童在阅读的时候，有可能无意识地运用这一策略，通过预测单元教学，引导学生将这种无意识思维活动转变为一种有意识的阅读策略，并能在阅读过程中主动预测与修正，使学生在阅读中更具有互动性和思考性，提高其阅读理解能力。这也落实了《语文课程标准》提出的："培养学生具有独立阅读的能力，学会运用多种阅读方法。"

（一）体现整体把握，层层递进

预测阅读策略单元围绕着学习并运用预测的一些基本方法来编排，要树立整体的教学观。了解单元内容之间的联系，把整个单元看成一个有机的整体，教学目标层层推进。

在研读教材的基础上，我们设计了单元整体的教学思路，如下："精读课文《总也倒不了的老屋》——学习预测的基本方法；略读课文《胡萝卜先生的长胡子》——练习预测（结尾、课后习题）；《不会叫的狗》运用预测阅读——独立预测（预测结尾）——交流平台，梳理总结，习作创编故事（对预测策略运用的延伸与提升）。

（二）借助单元导读，了解预测

第四单元单元导读页，通过一句话明确了单元主题是学习预测，语文要素有三：第一条是指向怎么预测，一边读一边预测，顺着故事情节去猜想；第二条，提示预测有一些方法；第三条指向表达，"尝试编写故事"。所配插图意蕴深刻，最醒目的是此起彼伏的粗线，以及错落有致地散落在线条中间的树林，村庄，山地等。看上去是一幅风景画，细思量却是对预测的暗示：沿着不同的预测方向，可以抵达不同的地方，领略不同的风景。课前热身游戏，创设熊宝宝要去外婆家玩的情景，在这里老师为精读课文的教学埋下伏笔。（第一课时中请学生预测熊宝宝遇到什么困难，如何请求老屋帮忙的，在试讲中学生就能勾连课前内容预测熊宝宝在去外婆家的路上迷路了，学生联系学习内容去预测。）学生认真观察思考，表达自己的猜想，对预测有了初步的了解，激发了学习兴趣。

（三）重点聚焦文本，大胆预测

三篇课文教学设计中充分关注学生已有的阅读经历和生活经验，在自主阅读中活用旁批、课后习题，聚焦文本学习预测，指导学生能说清楚预测的内容和理由，知道预测是要有依据的。

1. 借助旁批，学习预测

《总也倒不了的老屋》使用旁批的形式，全文七处以真实的阅读心理所做的预测为范例，提示学生可以在什么地方、依据什么来预测。旁批的设置如同一个隐形的学习伙伴，起到示范引领、辅助提示、拓展思维的作用。教学中呈现：揭示课题中猜想，引发学生强烈的阅读期待；利用插图引导预测，推动语文学习；对比发现，老母鸡请求老屋帮忙这一情节，感知预测的内容可能和实际内容不一样，也可能一样。

2. 关键情节，引发预测

预测不是一次性完成的，它是一个不断循环往复的过程。三篇童话，用反复的手法推进情节的发展。这一特点为学生顺着故事情节展开预测提供了可依据的线索。

情节转折处引发预测。为了引发学生预测，《总也倒不了的老屋》教材的分页都在故事转折处，而下文在另外一页。这样在学生阅读中停顿，使学生不会马上看到答案，从而停下来进行预测。这也是编者的意图。

关注提示、课后习题引发预测。略读课文，借助课前学习提示，课后习题的设计要把握设计意图，引领学生有依据地预测故事的情节。

3. 故事留白，乐享预测

预测是初次接触阅读材料的时候，才会真实发生的思维活动。三篇课文都有故事发展中的留白之处，有没有出现的部分情节，需要学生主动依据文本内容和自己已有的经验进行预测。

《总也倒不了的老屋》第4处旁批："一读到这句话，我就知道，一定又有小动物来请求老屋帮忙了。"引导学生关注内容，关注情节的转换处的关键语句，发现类似的预测依据。《胡萝卜先生的长胡子》第九自然段的"……"省略了结尾。《不会叫的狗》故事的三种结尾也未完整呈现，为预测提供了更大的空间。我鼓励学生借助预测单，预测故事的结局。再对比原文，看看自己的预测和原文的异同，从而修正预测。

4. 勾连作者，印证预测

《总也倒不了的老屋》中老屋是否倒下课文没有交代，教师引导学生根据预测，续编故事的结尾，如：很多年过去了，她曾经帮助过得小动物都来了，还带着礼物呢！老屋的家充满着欢声笑语；老屋想着自己帮助过小动物，幸福地倒了下去；（没有遗憾，很满足。）这样的预测孩子们用心感受，走进这个故事。最后出示作家慈琪续写的结尾加以印证，从而让学生理解作者真正的写作的意图（渴望被需要、体现自身的价值）。

《不会叫的狗》在对比原文中结局后，让学生去倾听作者的选择，出示意大利作家贾尼·罗大里在书后的评价："我坚决支持第三种结尾，找到真正的老师是十分重要的，这比成为马戏团的明星或者每天有现成的一碗浓汤喝更重要。"学生自由交流谈感受，不同故事结局有着不同用意。这样深层次的思考，促进了学生对课文的理解。

本单元的学习后，可以让学生创编童话故事。

（四）注重课外延伸，提升阅读能力

整个单元还穿插安排了一系列的阅读活动，提供丰富的实践机会，引导学生尝试运用阅读策略。《胡萝卜先生长胡子》给出文章的题目或者书名，预测可能写了些什么？这一环节学生大胆预测，再出示原文，加以验证，当发现和预测不一样的时候，修正预测。

《躲猫猫大王》课堂上，学生兴致勃勃结合自己的生活经历进行预测"躲猫猫大王的来历"，其实这是一个很伤感的故事。

出示故事。

讲述小勇是我儿时最好的伙伴，我们一群人常常玩躲猫猫，但小勇总是第一个被抓到。后来有一次，我教他钻进柴堆、爬上门头，都没有被抓到，他就赢得了"躲猫猫大王"的称号。但之后他就很少赢过。后来，（引发学生第二次预测后来又发生了什么？）留下悬念。

《不会叫的狗》课后：选择一本学生不熟悉的书，读的时候在某些地方停下来，猜猜后面会发生什么？

此外，年级还展开了课外阅读导读课，学生运用预测的教学策略有趣味地读书。由题目、封面入手预测；浏览目录，预测故事情节；引入影视作品，进行预测；抓住矛盾冲突展开预测；选读片段，设置悬念，激发预测。

预测作为一种有效的阅读策略，有利于提高阅读速度，快速捕捉所需要的信息；促进学生深层次的思考，思维得以发展与提升。

三、语用能力的发展是一个螺旋上升的过程

复述的目的在使儿童深入理解文本，提高他们把握文章主要内容的能力和发展思维能力。一般来说，科学知识的文章可以多一些简要的提纲式的复述，文学作品可以多一些创造性的复述；短文章大都做整篇的详细复述，篇幅较长的课文可以挑选主要部分进行复述。复述要以正确的语句、文本信息、文本分析、概括段落的主要意思等作为基础。复述的时候，既要注意儿

童组织语言的能力怎么样，也要注意儿童语言的表情，包括身体语言怎么样。

统编教材依据儿童语言能力发展特点，循序渐进地使儿童练习各种各样的复述。比如，二年级教材安排借助图片等讲故事，三年级安排详细复述，四年级安排简要复述，五年级安排创造性复述。

统编教材五年级第三单元的主题是"民间故事"，要落实的语文要素是：了解课文内容，创造性地复述故事；提取主要信息，缩写故事。

（一）注重衔接，抓住要素——五年级学情分析

1. 对于民间故事的了解

对于民间故事这一单元主题，学生并不陌生。民间故事就是劳动人民创作并传播的、具有虚构内容的口头文学作品。学生们熟悉的神话传说、传奇故事、公案故事等，都可以称之为民间故事。可以说，在学习本单元之前，大部分学生对于一些耳熟能详的民间故事，例如：白蛇传、牛郎织女、八仙过海等，都有所了解。

在人教版四年级下册第八单元——故事长廊中，我们共同学习过《文成公主进藏》这则著名的民间故事，所以对于这一主题，学生是比较熟悉并且非常感兴趣的。

因此，本单元的学习，我们要带领学生更加有计划、有方法地阅读更多的民间故事，使学生能够感受到阅读民间故事的快乐，并乐于与大家分享课外阅读的成果。

2. 复述能力上的衔接

复述故事，这一内容对我们的学生来说并不陌生。

在人教版老教材四年级上册第三单元——走进童话故事中，我们就曾经在口语交际里做过讲童话、演童话的练习。在四年级下册教材第八单元——故事长廊中，也有过练习复述，将故事简要地讲给大家听这样的要求。可以说，在学生能力的衔接上，我们的孩子应该已经了解了什么是复述课文并且通过之前的学习，已经掌握了按照一定的顺序讲好故事，以及简要复述课文

的方法。

那么本单元，我们要引导学生由有顺序、有重点地复述，过渡到创造性地讲故事，重在培养学生的口头表达能力和讲故事的表现力。

（二）研读教材，构建框架——本单元教材解读

本单元以"民间故事"为主题，编排了2篇精读课文《猎人海力布》《牛郎织女（一）》和一篇略读课文《牛郎织女（二）》，这三篇文章都是民间故事的经典之作。另外，还编排了《口语交际·讲民间故事》《习作·缩写故事》《语文园地》以及《快乐图书吧》。其中《语文园地》编排了交流平台·创造性复述的三种方法、词句段的运用·体会意思对应的俗语和成语以及仿照例子，将故事情节说具体。另外，园地中还有日积月累·诗歌积累《乞巧》。

从内容上看，本单元课文紧紧围绕民间故事展开，安排了一系列阅读民间故事的活动，旨在激发学生对于这一民间文学形式的喜爱。

就本单元的语文要素落实，横向来看，口语交际，还有语文园地中的交流平台，词句段运用，都有针对如何创造性复述的方法提示。

《猎人海力布》一课，课后练习2"试着以海力布或乡亲们的口吻，讲一讲海力布劝说乡亲们赶快搬家的部分"，引导学生把自己设想成故事中的人物，以故事中人物的口吻来复述故事；

《牛郎织女（一）》一课，课后练习2"课文中有些情节写得很简略，发挥想象把下面的情节说得更具体，再和同学演一演"，让学生发挥想象创编故事进行复述；

《牛郎织女（二）》以"课前提示"的形式引导学生运用"绘制连环画配文字"的方法复述故事。

这些课后题正是我们训练孩子创造性复述的抓手。

口语交际·讲民间故事，则是将学到的方法进行实践运用。

而本单元的习作要求是"提取主要信息，缩写故事"，旨在引导学生通过摘录、删减、改写、概括等方法简要地介绍故事。同样是在习作中提出方

法，可以利用《猎人海力布》的小练笔，以及《牛郎织女（二）》一课作为延续训练。

通过研读教材，抓住本单元教材内容的特点，我们在教学设计时可以尝试进行调序、合并、呼应以及贯穿。

以"读故事，讲故事"为贯穿本单元学习的线索，找到三篇课文与本单元语文要素的结合点，指导方法并进行训练，灵活调整单元内各个板块的顺序，将本单元组织成一次语文综合性学习活动。

（三）双线并行、整体推进——本单元具体课时安排

基于以上的学情分析以及教材分析，本单元可以做这样的课时安排：

1. 将快乐读书吧任务前置——感受民间故事特点（1课时）

开学初，我们就可以安排一课时的时间，做这次综合性学习的先导课。在课上，我们可以做这样几件事：

A. 回顾《文成公主进藏》一课。

B. 导读快乐读书吧中的民间故事《田螺姑娘》。

C. 借助这两篇民间故事，讨论民间故事有什么特点。

D. 开展广泛阅读民间故事的活动。

综合性学习活动的开始，我们可以设计活动记录单、活动计划表，让学生在阅读的过程中，能有一个辅助的支架。

2. 中期阅读交流——激发创造性复述的兴趣（1课时）

在阅读活动开展的过程中，我们可以有意识地引导学生关注同一个民间故事，在不同的版本中，可能出现不同的故事情节。在课上，我们可以专门安排这样的"找不同"活动。

A. 读一读同一个民间故事中，不同的情节。

B. 同学们讨论一下，你更喜欢哪一个版本的故事。

C. 思考为什么会出现这样的不同——体会到，民间故事大多是口头传播，因此讲述者，会对故事进行再创造，使故事更加吸引人。

D. 激发学生创造性复述的兴趣——同一个故事可以有不同的讲法，那

么我们在读故事的时候，就可以多找几个版本来读一读。在广泛阅读的基础上，我们自己也可以试着创编属于自己的版本。甚至我们可以制作编写自己班级的《民间故事集》。

E. 思考如何创造性地讲故事呢？

此时，教师要及时进行引导：创造性讲故事并不是天马行空的想象，而是应当以理解故事内容为基础，尊重故事的基本内容与价值取向。那么，创造性讲故事有哪些方法呢？接下来我们就可以进入本单元的课文学习，借助具体的课文，来学习创造性复述的方法。

3. 依托课文，双线推进

将语文园地中的内容与课文的讲解有机的进行结合，实现本单元语文要素的训练。具体每课时的内容，我们在下一个环节的讲解中，还会为老师们具体呈现。

1）《猎人海力布》与交流平台，习作整合。（3—4 课时）

2）《牛郎织女（一）》和《牛郎织女（二）》虽然是一详一略两篇课文，但是作为一个完整的民间故事，我们不希望将它们割裂开，在学习中，还是要尽量保持故事的完整性，因此，两篇课文，我们可以一起来学，再结合语文园地中语句段运用、日积月累等内容，预设需要 3 课时。

3）补充推荐阅读，引导学生把新教材中年级的民间故事也进行补充阅读，做好新旧教材的补充和衔接，例：三年级的《漏》等文章。

4）最后，将口语交际·讲民间故事与快乐读书吧的汇报活动相整合，作为综合性学习的汇报课。（1 课时）

这样，整个单元预计使用 10—11 课时来完成。

附：统编一年级"和大人一起阅读"策略研究

2014 年以来，"倡导全民阅读"连续写入国务院政府工作报告，将"全民阅读工程"列为"十三五""十四五"时期重大工程之一，将全民阅读提升到了国家战略的高度。

《语文课程标准》中也指出：义务教育阶段要激发学生读书兴趣，要求学生多读书、读好书、读整本书，养成良好的读书习惯，积累整本书阅读的经验。

在这一背景下，聚焦"统编本"教材的编写和内容设置，可谓是契合而与时俱进。

崔峦教授在介绍统编教材编写背景时提道："它是站在培养学生核心素养的高度编写而成的。其中很重要的一点就是要提升学生的阅读素养，激活孩子的阅读兴趣，教给孩子们阅读的方法，养成终生阅读的习惯，特别是读整本书的习惯。这是一个人可持续发展的根基，也再一次将阅读提升到了十分重要的地位。"

统编教材中"和大人一起读"这一内容，恰恰给了我们实施的切入点。落实全民阅读计划，从孩子抓起，作为从事基础教育的我们来说，责无旁贷。

【目标设定及内容解析】

对于刚刚升入小学的一年级孩子来说，识字量极为有限，独立阅读对于他们来说是非常困难的，绝大部分孩子因没有独立阅读能力，因此也不易产生阅读兴趣，更不要说阅读习惯了。

"和大人一起读"这一学习内容的设置，其目的就是针对孩子的年龄、心理及能力特点，以亲子阅读的方式开展阅读活动，做好幼小衔接，与学前教育自然融合。同时，这种大人伴读的方式是最易于孩子接受，也是他们最喜欢的读书形式，以此来激发孩子的阅读兴趣。

在一（上）册每个单元的语文园地中都安排了《和大人一起读》这一内容，篇目分别是《小兔子乖乖》《剪窗花》《小鸟念书》《小松鼠找花生》《拔萝卜》《谁会飞》《猴子捞月亮》和《春节童谣》。

一（下）篇目有《谁和谁好》《阳光》《胖乎乎的小手》《妞妞赶牛》《狐狸和乌鸦》《夏夜多美》《孙悟空打妖怪》《小熊住山洞》。以上文章多为童话、寓言类故事。不同的课型反映了不同的阅读思想，需要采取不同的阅读策略从而获得不同的阅读效果。应该根据不同的选文构建不同的课型，

所以很有必要探讨 "和大人一起读" 的不同课型。涉及故事、童话、童谣等类型，内容浅显易懂，活泼有趣，图文并茂，符合学生的年龄特点和审美情趣，易于勾起孩子们的阅读兴趣。

【教学建议】

我们要想使教材中的这些内容真正发挥好其作用，助力孩子的阅读成长，教师在其中的作用尤为重要。我们既是孩子阅读活动的参与者，更是 "和大人一起读" 活动的指导者和引路人。实施过程中，可以从以下几方面着手，和家长一起携手，共同引领孩子走进阅读世界。

一、加强阅读方法的指导

为了能让这个栏目的优势和作用得以充分发挥，"和大人一起读" 作为一种特殊的阅读形式，应该是在教师的指导下，由家长陪伴孩子进行的一种无压力阅读。

在正式开展家庭阅读活动之前，教师可以通过家长会、班级开放日、微信群等家校互动的方式与家长进行沟通，详细介绍开展这种 "伴读" 活动的目的和方式，指导家长如何开展 "和大人一起读" 的活动。也可以用现场展示或播放视频的方法，更直观地展现 "和大人一起读" 的共读过程，指导家长如何做好孩子的 "读伴"。

告诉家长，在和孩子一起阅读的过程中要做到出声朗读；大人可以扶着孩子的手指着文字读；在读中遇到不认识的字时，鼓励孩子借助拼音或插图来辅助阅读；当遇到长句子，孩子读不下来或读错的时候，大人可以示范读，然后让孩子学着家长的样子来读；在阅读中，孩子如果提出一些问题，大人可以帮助解释，或和孩子共同研讨问题的答案；通过阅读，引发孩子的好奇心，激励孩子持续阅读。

更重要的是，要营造轻松的阅读氛围，孩子坐在大人的身旁，共拿一本书，读着同一段文字，就这样读着、说着、交流着，在这样一个充满温馨的画面中，无论是大人还是孩子，都会在 "阅读" 的过程中，感受其中的快乐和幸福。

二、关注阅读兴趣的培养

教材中安排的每一篇选文都各具特色，有的篇幅短小，表达富有规律，易于诵读；有的情节生动，易于引发孩子的阅读兴趣；还有的故事情节极具延伸性，适合发挥学生的想象，进行续编创作。这就需要教师在备课中结合选文特点，挖掘"共读"的创新点，使"和大人一起读"的活动更加丰厚，激发孩子的阅读兴趣。

如：第一单元的《小兔子乖乖》与本单元识字歌谣一样，同为小韵文，短短的四个小节、六句话，没有注音。这首小歌谣孩子们在幼儿时期就已经熟知成诵，此时以图文并茂的形式呈现在孩子面前，熟悉的内容会给孩子带来一种亲切感；跟随大人一起诵读，甚至读给大人听，又带给孩子以成就感，让孩子真正感受到："读书其实一点儿也不难，我也行。"同时，这首歌谣还可以唱出来，这也是孩子非常喜欢的一种表现形式。另外，以角色扮演读的方式来演一演这个小故事，更会为"共读"活动增添一份童趣，让孩子们在这样读着、唱着、演着的活动中，真正感受到"读书"的快乐，激发他们的读书兴趣。

又如：第五单元中《拔萝卜》这个小故事，在语言表达上很有特点，类似的情节和相同的语言多次出现，这也为孩子能够"读"故事、"读"文字降低了难度，尤其是在故事的最后：小狗喊小猫来帮忙……后来怎么样了？孩子们的想象力极为丰富，编故事也是他们十分喜爱的一种形式。故事结尾处的一个小小的问题，为学生的阅读活动创造了更广阔的想象空间，学生可以在读后借助插图把这个故事继续创编下去，小狗喊来了小猫……小猫又会喊来谁呢？最后的结果又是怎样的呢？把选文中的情节、语言与他们的拓展想象相结合，在续编故事的过程中，孩子积累了语言、练习了表达，同时观察力、想象力、语言表达能力，也得到了训练和提升，更为学生的阅读活动增添了靓丽的色彩。

《拔萝卜》是一篇童话故事，小故事段式结构相同，为学生读故事提供了便利。教材配有插图，为学生直观呈现故事情节，帮助学生朗读。故事结尾省略号易于激发学生想象力，进行模仿续编。

三、说目标

综合以上考虑，我制定了以下的教学目标：

1）多种方法帮助学生阅读，激发学生阅读的兴趣。（教学重点）

2）借助文章段式，发挥想象，续编故事。（教学难点）

四、说过程

（一）读故事 回顾读书的方法

在复习环节，我与孩子们回顾了前面读过的内容，唱读了《小兔子乖乖》、拍手读了《剪窗花》，分享了和爸爸妈妈分角色读的《小鸟念书》视频。孩子们的阅读兴趣再次被激发起来，他们好期待读《拔萝卜》这个故事啊！

（二）读故事 享受读书的快乐

孩子们兴趣又一次被激发起来，带着阅读的期待去读《拔萝卜》这个故事。我先出示图片"孩子们你们看这是什么？猜一猜我们今天要一起读什么故事？"孩子一下子就猜出来啦。接着，我让孩子们跟着老师一起书空书写课题。之后。我带着孩子们一起欣赏了《拔萝卜》的视频，孩子们不由自主地都跟着视频一起快乐地唱起来，有的孩子甚至还学着做起了动作。这也激发了学生再读这个故事的愿望。我顺势开始引领学生读这个故事：

第一个层次，图文结合 听故事

这是孩子们最喜欢也是最简单的读书形式，在孩子们听故事的时候，我要求学生身体坐直，手拿书本，眼看文字，用心倾听，这种听老师读故事的习惯贯穿整个教学始终。

第二个层次，师生一起 读故事

孩子们跟着我一起读，在读的过程中，我让孩子们用看插图、接读等各种方式帮助孩子们理解故事，朗读故事，边读故事边就故事情节交流。这一层次主要是帮助孩子们扫清识字障碍，对故事的内容有更多的了解，也去了解每一段的句式，发现篇章的规律，为后面的续编故事做铺垫。

第三个层次，借助板画 讲故事

这个环节是让学生自己贴板画，来指名读每一幅图对应的段落。借助这种有趣的形式帮助学生建立图片与文字之间的联系，将文字直观化，也激发了学生的阅读兴趣，让他们更乐于参与到读书的活动中，在孩子们合作贴图、指图讲故事的过程中进一步熟悉段落叙述的方式，再次为续编故事做准备。

第四个层次，发挥想象续编故事

《拔萝卜》这个小故事，段式结构相同，每一段都写出了谁把谁叫来，谁拉着谁，怎么拔萝卜，结果怎样。但是故事的结尾有一个省略号，故事没有结束，因此省略号激发了学生的好奇与想象，他们愿意去续编课文中没有的故事内容。

续编故事的环节有一定的难度，既要发挥想象，又要模仿文中表述方式进行故事的续讲，为了激发学生的兴趣，调动学生开动脑筋续编故事的积极性，我再次借助板图，降低难度，还现场用手机录制学生讲故事的过程，再让全班同学一起欣赏。

（放视频）

当孩子们看到自己的同伴都展现了精彩的故事情节，也都争先恐后地想要录制。于是我鼓励孩子们回家后，可以给家里的大人来讲一讲，让爸爸妈妈用手机录下来，发到朋友圈中，让更多的人去欣赏。孩子们真是兴奋得不得了。

第五个层次，阅读体验 演故事

学生戴着头饰分角色表演，其他学生作为旁白，表演的同学和班里其他同学共同合作读故事、演故事，孩子们在愉快的氛围中感受无压力阅读带来的快乐与轻松。

综上，就以上几个层次的设计做简单意图梳理为：从听读，到跟读，到结合插图读，到续编故事读，每一遍都是那么新鲜有趣。

（三）读故事　拓展阅读的内容

《拔萝卜》的故事没有结束，在本课的最后，我推荐给孩子一个不同版本的《拔萝卜》的故事，这更加引发了学生的阅读兴趣。第二天，我们的家长还发来和孩子共同阅读这一故事的照片，感受亲子阅读带来的快乐。

五、教学效果评价

1. 能够认真听老师讲故事，听同学讲故事。

2. 能借助插图读故事。

3. 有读故事的兴趣。

【教学特色】

一、在师生共同轻松读故事的过程中，学生感受阅读的快乐

卡通有趣的板画让学生兴奋不已，用手机现场录制学生讲故事的情景，再让全班孩子一起欣赏，每个孩子的脸上都洋溢着笑容；戴头饰进行分角色表演使得学生兴趣盎然，积极投入，学生们陶醉在同伴们入情入境的表演中，兴趣十足，意犹未尽。这样的设计其重要的一个目的就是激发学生的读书兴趣，享受读书的快乐，让孩子们在这样的读书过程中逐渐爱上阅读。

二、师生共读故事中习得方法

在学习过程中，学习听故事的方法，读故事时学生边看图边读的读书方法，多种读书的方式向学生渗透，既丰富了孩子们读书的形式，又为他们的独立阅读奠定了基础。

三、学生续编故事的过程中，发挥想象，培养了学生的创造能力

将课堂中所学运用到自己的交流中，也全面提升了学生的语文素养。

其实，"和大人一起读"中的"大人"不仅仅指孩子们的父母，作为教师，我们一样是那个牵着孩子的手的"妈妈"，一样是那个能给孩子财富的人。和大人一起读的过程，就是孩子学习阅读的过程。我想只要大人始终和孩子在一起阅读，孩子就会对图书、对语言、对文字产生亲切感，这是我们送给孩子的最大的财富。

第五章　小学语文单元整体教学设计案例

第一节　第一学段一年级上册第七单元《儿童生活 ——我们去看海》主题单元教学设计

【教学内容】

本单元围绕"儿童生活——我们去看海"主题安排《明天要远足》《项链》识字和阅读教学及课外阅读《大海的歌》《收获》等，引导学生在单元主题活动中展开识字教学、课内外阅读、语言表达等学习活动。

【政策理论依据】

语文学科的单元教学本身就离不开综合性：内容综合、目标综合、方法综合、过程综合。它以提高学生学习效率为出发点，通过整合教学内容形式教学，将学段总目标分解到各个教学单元之中，体现教学的连续性、整体性和针对性，并选择恰当的教学方法，最终实现优化课堂教学目标的目的。实施单元教学可以改变以知识传授为中心的传统课堂教学，借助单元设计，构建知识与认知体系，培养学生语言文字的运用能力，综合实践能力，形成语文学科的思维方式和思想方法，提升学科核心素养。

根据《语文课程标准》的要求，本设计从学生的生活经验入手，引导学生体会看海前无比激动、无限期待的心理，对于大海探秘的渴望，从而能够有感情地朗读诗歌；并采用随文识字的方法，引导学生在具体的语言环境中识字，充分实现以读促识、读中感悟、读识结合的教学情境。在识字的过程中教给学生多种识字方法，如，数笔画识字法、情境识字法、字谜识字法等，以此激发学生的识字兴趣，培养学生的识字能力，为以后能够自主识字打下基础。

【教材分析】

本单元围绕着儿童生活——我们去看海，编排了《明天要远足》《项链》和《我们去看海》三篇阅读课教学及一节拓展阅读活动课，学习资料选材丰富，内容贴近儿童的生活，其中《明天要远足》，有成长的点滴，也有去海边玩耍的快乐，而《项链》充分体现了人与大海之间和谐相处的画面，《我们去看海》则是对这一主题内容的阅读的丰富拓展，让孩子与日常的生活相联系，课内外阅读相关联，谈自己的情感体验。学生感悟到大海赋予人类的馈赠，以及人类对大海的热爱，这种人与自然的和谐共处对学生热爱自然、热爱生活产生了潜移默化的影响。

【学情分析】

一年级学生经过 3 个月的学习，初步掌握了一定的识字能力，阅读时能借助拼音和猜一猜的方法将字音基本读准确，句子读通顺，但没有主动积累词语和感悟语言的能力。我们借助主题单元学习活动，培养学生自主学习的意识，引导学生将阅读和表达相联系，将语文学习从课内延伸到课外，从而提升学生的语文能力。

【单元课程标准】

识字：喜欢学习汉字，有主动识字的愿望。掌握汉字的基本笔画和常用的偏旁部首，能按笔顺规则用硬笔写字，注意间架结构。初步感受汉字的形体美。

　　阅读：结合上下文和生活实际了解课文中词句的意思，在阅读中积累词语。阅读浅近的童话、寓言、故事，向往美好的情境，关心自然和生命，对感兴趣的人物和事件有自己的感受和想法，并乐于与人交流。诵读儿歌、童谣和绘本故事书等，展开想象，积累语言，获得初步的情感体验，感受语言的优美。

【单元课程目标】

1）激发识字、写字的兴趣。认识"睡、那"等生字和目字旁、京字头、禾木旁 3 个偏旁。会写 8 个生字。

2）积累带"的"字的词语，联系生活学习语言，提升思维水平。

3）正确地朗读课文，初步读好句子的不同语气。

4）感受海边的美丽风光，体会童年生活的快乐。

【单元课程评价】

评价内容	评价标准			自评	互评	师评
	优秀	优	良好			
识字写字	工整、美观	工整	较工整			
朗读阅读	正确、有感情	正确	基本正确			
积累表达	词语搭配多元	词语搭配合理	会词语搭配			
学习分享	喜欢分享	愿意分享	能分享			

第一课时　《明天要远足》

【教学目标】

1）认识"睡、那"等生字和目字旁、京字头 2 个偏旁。会写"明、才"。

2）正确地朗读课文，初步读好句子的不同语气。

3）积累语言，激发识字、写字的兴趣。

【教学重点】

1) 认识"睡、那"等生字和目字旁、京字头 2 个偏旁。会写"明、才"。

2) 正确地朗读课文。

【教学难点】

认识"睡、那"等生字和目字旁、京字头 2 个偏旁。

【教学过程】

一、创设情境，了解题意

1) 同学们去过海边吗？喜欢吗？（学生自由表达）

从今天开始我们就一起走近大海去感受它的魅力和神奇。

2) 听故事了解远足的意思：走很远很远的路去游玩，看到不同的风景就叫远足。

3) 齐读课题。

过渡：一提到远足同学们就特别喜欢吧？有一个小女孩高兴得都睡不着觉了，今天我们就来学习这样一首小诗歌。伸出小手，和老师一起来写课题。（明天要远足）

4) 读清课题含义：什么时候要远足啊？读一读。明天要去干什么呀？再读一读。（我们都听清楚了什么时间？做什么事情？）

【设计意图】 首先是培养学生认真倾听的习惯，通过音频让学生在与小伙伴交流的情境中，初步了解什么叫作远足。引导学生两次读题目，读清楚什么时间？做什么事情？对题目所传递的信息有所了解。

二、朗读课文，学习生字

（一）初读课文，标出小节

1. 第一遍自读课文，读准字音

让我们先来读一读这首有趣的小诗歌，注意把字音读准确，遇到不认识的字拼一拼音节，读不好的地方多读几遍，请你打开书本的 93 页，开始吧！

2. 第二遍自读课文，标出小节

让我们再来读一读，要做到不多字、不少字、不读错字。读完以后数一数这首小诗歌共有几小节，把它标出来。如果有错误修改一下。

（二）随文识字，积累语言

1. 学习第一小节

（1）指读第一小节，读准字音第一小节里还藏着这几个生字呢。我们一起来认一认。

（2）多种方法认识生字。

"睡"字：认识新偏旁"目字旁"，拓展识字。

1）看一看"睡"字左边是什么？（目）这是我们今天要认识的新的偏旁。（板书：目字旁）

2）目就是我们的？（手指眼睛）右边这个字谁认识？（垂 你认识的字可真多！）眼皮垂下来我们做做这个动作，小眼睛都闭上了，我们可要睡觉了！快来读读这个生字（画圈）。看！

3）睡字还带来了它目字旁家族的小伙伴来和你们见面了！出示：眨、眯、盯。拼拼音节，看看你认识吗？快，做做眨眼睛的动作；眯起小眼睛什么样啊？你们的眼睛都眯成一条缝了！你们盯着我看看，眼睛一动不动看着我呢，你盯着我我盯着你！

总结：发现了吗，这些字都和眼睛有关，所以它们是目字旁。

"那"字：读好词语"那么"的轻声。（出示：那么）

1）这个词能读好吗？你轻声读得真好！谁学着他的样子再读读？

2）男生读一遍，女生来（如果学生齐读没读出轻声，提示：再轻点，真棒！）。

"海"字：出示图片，感受海洋的美丽。积累语言，（　　）的大海。生活中你见到过什么样的大海呀？

你也可以看着借助图来说说。

【设计意图】学生在学习"海"这个字的同时，联系生活感悟海的特点，同时学习"的"字词语的搭配，丰富语言积累，体现本单元语文要素训练。

"吗"字：在语境中识字，并读出疑问的语气。

1）还有哪个字要和我们见面呢！这个字念什么啊？轻声读得好！你再读读。

2）那你们发现了吗，在"吗"这个后面还跟着一个小问号呢，你知道这是什么句子吗？

3）那你能读出疑问的语气吗？自己来读读这句话。谁来读给大家听听，大家听听他读出小问号的作用了吗？

"唉——"读好破折号的作用。

1）发现了吗，这个字后面带着一个破折号就像一条小尾巴，该怎么读呢？请你认真听老师读，（范读）谁能说我是怎么读的？

2）这就是这个破折号小尾巴的作用呢。那你能读一读吗？放在句子里你能读好吗？自己练着读读。

（3）整读第一小节。

课中操

2. 学习第二小节

（1）自读第二小节，巩固生字。

（2）出示实物，感受"洁白柔软"。

摸一摸什么感觉？颜色是洁白的。

联系生活，积累语言：洁白柔软的（　　　）。

生活中还有什么是洁白柔软的？

【设计意图】继续学习"的"字词语的搭配，丰富语言积累，体现本单元语文要素训练。

（3）整读第二小节。

3. 学习第三小节

（1）自读第三小节。

（2）学习"亮"，认识新偏旁"京字头"。

亮字的偏旁是京字头，（京字头描红）你能猜猜它为什么叫京字头吗？对啊，它就是北京的"京"字当中的一部分，所以我们叫它京字头，来再读读这个偏旁的名字。

（3）整读第三小节。

【设计意图】 第一学段学生的语文学习，识字和写字是重要的学习内容，在阅读教学中，我们提倡在阅读中识字，在识字中阅读，引导学生在语言的环境下用多种方法来识字，以上几个环节引导学生能够联系生活识字、借助偏旁部首识字、在语言运用中识字。

（三）巩固识字，整读课文

1. 巩固识字，游戏"我要去远足"

石头剪刀布，看谁先到海边。

2. 整读课文

把这些朋友再带到课文中，看谁能读得更好。

【设计意图】 注重孩子识字学习，并及时地在游戏和活动中巩固识字，对于学生自主学习激发识字的兴趣很有帮助，同时注重课文的几次整体阅读，让学生能够在第一课时当中，正确、流利地朗读课文。

三、指导观察，书写汉字

（一）书写"明"

1）认读生字。你有什么好办法记住这个字吗？我们前面记字的方法他都记住了！是啊，日月明。

2）识记字形。

3）观察结构：重点提示"明"字结构与重点笔画。

4）教师范写，学生书写。

5）评价再练写。

6）生活运用。

（二）书写"才"

1）自主观察书写汉字。

2）同桌互评，再练写。

【设计意图】对于第一学段的学生来讲，每节语文课的写字时间不应低于10分钟，教师带领学生认真学习"明"的书写，注意左右结构字的书写特点，"才"字的笔画相对较少采用学生自主观察书写、相互评议的方法，体现了培养学生自主识字，学会观察写好字的能力提升。

四、整读课文，了解内容

1）这节课，我们认识了这么多生字，还会写了两个字，小女孩第二天会见到什么呀？我们再来读读课文吧！

2）小女孩想到了第二天可能会看到大海和白云，她盼望着第二天有趣的远足，她会是什么心情呢？下节课继续来学习。

第二课时 《我们要远足》

【教学目标】

1）复习巩固生字词。会写"同、学"。

2）正确、有感情地朗读课文。

3）学习运用积累语言表达自己对大海的向往。

【教学重点】

1）复习巩固生字词。会写"同、学"。

2）正确、有感情地朗读课文。

【教学难点】

学习运用积累语言表达自己对大海的向往。

【教学过程】

一、复习引入

1）上节课我们读了《明天要远足》这首小诗歌，还记得小女孩为什么睡不着吗？（想去海边看海、看云。）

2）游戏去远足：复习生字词。

3）每人读一小节，语句通顺，读音正确。

【设计意图】第一学段的学生每节课都要注重于所学内容的复习巩固，尤其是生字词，要在学生的反复复习中不断地巩固识字。

二、体会心情，有感情地朗读

1）大海在你们心中是什么样子的？复习上节课的积累。

体会大海的特点：蓝色的大海、清澈的大海、浩瀚的大海、无边的大海，彩色的大海什么样子？视频再现，说说你的了解。（因为海的深浅不同颜色就不同，因为水的原因、因为阳光的照射……）

有感情地朗读。

2）云有什么特点？

观察图画你看到了什么样子的云？飘动的云、变化莫测的云、蓬松的云朵、厚厚的云……有感情地朗读。

【设计意图】在学习"海"的词语积累的过程当中，发散学生的思维，让学生联系生活，从不同角度去体验海的特点，用丰富的语言去表达。在学习第二小节的时候，让学生再次巩固这样的学习方法，联系生活从不同角度谈云的特点，学生的语言不断丰富，同时他们的思维也在发散中不断得到提升。

3）你就是这渴望去远足的小女孩，你会怎么读第三小节？

学生朗读，那你能读出这种急切之情吗？

除了着急，你还感觉到了什么？（无奈）从哪个词语看出来的？（唉）

小女孩是这样急着天亮去——（远足），她太高兴了，所以她翻过来覆过去，睡不着觉。你有过这样的心情吗？说说你当时的感受。

4）你觉得她的心里还会想些什么？有感情地朗读。

三、配乐朗读全文

四、指导书写

（一）指导书写生字"学"

1）课件出示字的笔顺，学生书写。

2）教师引导学生观察字的笔顺规则及间架结构。

"学"是上下结构的字，引导学生观察"学"字在田字格中的位置，要上宽下窄，结构紧凑，上下不分家。

3）教师范写，学生书写。

4）学生临写。

5）反馈交流，展示评议，评选"小小书法家"。

（二）指导书写生字"学"。

1）自主观察书写汉字。

2）同桌互评，再练写。

3）组词或者说句子应用。

【设计意图】《语文课程标准》指出第一学段要关注学生写好基本笔画、基本结构和基本字，书写规范、端正、整洁。所以在写字指导上要从细微的笔画、结构入手，提高学生的书写质量，使学生养成良好的写字习惯。

第三课时 《项链》

【教学目标】

1）复习 11 个汉字，会写"白、的"。

2）流利朗读课文，知道大海的项链指的是什么。

3）感受海边的美丽风光，体会小娃娃的快乐。

【教学重点】

巩固识字，流利地朗读课文。

【教学难点】

知道大海的项链是什么。感受海边的美丽风光，体会小娃娃的快乐。

【教学过程】

一、谈话导入

这节课我们来继续学习第 11 课，齐读课题。

二、整读课文

1）读课文，回忆课文内容。相信通过上节课的学习，你一定能做到读书时不多字、不少字、不读错字。

2）复习词语。

蓝蓝的　黄黄的　雪白的

又长又软　又宽又远　笑嘻嘻　小小的

小娃娃　沙滩　海螺　贝壳　大海

3）组合搭配，读出语气。

【设计意图】通过本单元《我们要远足》一课的词语积累及本课一课时的学习，学生积累了很多描写大海、沙滩、贝壳等的词语，对于词语合理搭配有了一定认识，教师要鼓励学生用比较准确的词语描述他们看到的景物。

三、学习课文

（一）学习第一自然段，感受大海的美

第一句体会大海的蔚蓝和浩瀚：

1）（出示大海图片）生活中你见过的大海什么样？把这些词语放到语句中，我们再来体会一番。自己小声读一读。

2）大海什么样？读第一句。

第二句体会沙滩的金黄和细软：

1）那沙滩是什么样呀？谁来读一读？

2）（出示前两句）下面我们请两位同学完整地读读这两句话，读清楚大海什么样，沙滩什么样。

第三句体会浪花的雪白和贝壳及海螺的各种各样

1）走在沙滩上，又看到了什么呢？快读读第三句吧。（浪花）

2）（播放视频）多有趣的小浪花啊！你们就是这朵朵小浪花：

你们笑什么？

你们悄悄地撒下什么？

3）指名读第三句。

4）完整地读第一自然段。

5）丰富体验，发散思维。

我们到大海边还会看到什么？（高高的椰树、一艘艘的帆船、可爱的小螃蟹……）

【设计意图】丰富的体验能激发学生的学习兴趣和表达的欲望，让学生再次以自己的生活相联系回想在沙滩、在海边会看到什么，听到什么，想到什么？将语文学习与生活相对接，激发了学生表达的欲望，丰富了他们词语的积累。

（二）学习第二自然段，体会海边的快乐

第一句，体会小娃娃的项链的美。

1）小娃娃来到了海滩上，她在干什么呢？谁来读读第一句话。

2）你看，多有趣呀！你能自己一边读着这句话一边把这些动作连起来做做吗？

3）帮小娃娃戴一条漂亮的项链。

4）指名读第一句。

5）做着动作，一起读一读。

第二句，体会大海项链的美。

1）小娃娃的这条项链是用贝壳穿成的，那你知道大海的项链是用什么穿成的吗？都来读读这句话。

2）通过贴小脚丫给大海戴上项链。

3）指名读第二句。

4）完整地读课文第二自然段。

【设计意图】课文中两次提到项链，所指是不同的。引导学生认识这两条项链分别指的是什么？通过在朗读中体会，拿实物贝壳组成的项链让学生欣赏，学生读起书来兴趣盎然。让学生亲手摆一摆沙滩上小脚印组成的项链，更激发学生学习的兴趣和朗读句子的欲望。学生一边读一边体会，感悟到大海赋予人类的馈赠，以及人类对大海的热爱，这种人与自然的和谐共处对学生热爱自然、热爱生活得到了潜移默化的影响。

四、整读全文

指名两人分自然段读书。美丽的大海什么样？小娃娃做了什么事情？

五、指导书写

1）出示"白"。

2）出示"的"。

学生书写、反馈。

六、拓展阅读

1）推荐《大海睡了》小诗歌。

2）鼓励学生自觉读课外读物。

第四课时 《我们去看海》主题拓展阅读课

【教学目标】

1）复习带 "的" 字的词语搭配。

2）流利、有感情地朗读课内外和海有关的诗歌和儿童读物。

3）联系自己的生活，运用积累的语言说说海边的风景和大海带给我们的不同感受。

【教学重点】

流利、有感情地朗读课内外和海有关的诗歌和儿童读物。

【教学难点】

联系自己的生活说说海边的风景和大海带给我们的不同感受。

【教学过程】

一、歌曲活动导入

1）听音乐，活动热身。

2）回顾单元主题学习。

二、课内词语复习

1）（ ）的大海 （ ）的沙滩 （ ）的白云 （ ）的贝壳……

2）比比谁的词语多。

【设计意图】夯实本单元的训练点，不断引导学生积累和运用优美的词语。小组同学比一比，激发了学生的学习热情，让语文学习生动有趣。

三、课内阅读对接，提升感悟，促进表达

1）有感情地朗读课文。

2）《明天去远足》《项链》内容相互补充，丰富阅读和表达。

对读两课，找到语言的相同，内容的呼应。

借《项链》的内容，丰富《明天要远足》诗歌的内容。

翻过来，唉——

睡不着，

_____，

_____。

【设计意图】语文学习要温故知新，整合两篇课文的学习，让学生借助《项链》课文中的词语，丰富《明天要远足》小诗歌的内容，资源的整合，信息的关联，发展了学生思维，提升了学生语文学习的综合能力。

四、美文欣赏诵读

（一）小诗歌朗读《海上的风》

海上的风

海上的风是花神，

她一来，就绽开万朵的浪花……

海上的风是琴师，

她一来，就奏出美妙的乐曲……

海上的风是大力士，

他一来，就送回成片的渔帆……

海上的风是狮子，

它一吼，就掀起滔天的海浪……

（二）朗读《收获》

收获

作者：方素珍

动了，动了，

鱼儿上当了，

哈！和我的手掌一样大，

爸爸说："放了他吧！鱼小弟年纪太小"。

动了，动了，

鱼儿被骗了，

哇！比爸爸的手掌还要大，

我也说："放了他吧！鱼爸爸年纪太大"。

黄昏时，

我们两手空空，

轻轻松松，

心里却装满了，

鱼 ，满满在心中。

（三）小文章推荐，小组学习欣赏。

《海洋》《乌龟一家去看海》等读书交流。

【设计意图】 良好的阅读习惯养成不是一朝一夕的事。学生应该怀着乐观积极的态度，在教师的引领之下，自主发挥主观能动性积少成多丰富认识，引导学生在课外找相关的知识书籍进行阅读，在课堂上再一次分享交流，丰富学生的阅读积累和视野。

五、课堂学习与生活联系，多元启发学生表达

1）出示自己的图片和照片。

2）结合积累的语句，试着给大家讲讲你在海边看到什么？听到什么？做了什么？

3）班级交流，相互补充。

【设计意图】引导学生联系生活进行语言表达的训练，同时也整合教科书七单元语文园地的内容，看图写词，说一句话，引导学生在主题活动中结合自己的照片和图片分享自己与大海的故事，升华本单元主题。

六、总结提升

第二节　第二学段三年级上册第四单元"预测"
阅读策略单元教学设计

【单元指导思想与理论依据】

一、基于"双减"背景的思考

作业，是课堂教学的延伸，有助于巩固和完善学生在课内学到的知识、技能，并培养学生的独立学习能力和学习习惯，是链接教学与评价的重要桥梁。"双减"背景下，教师不仅要更好地发挥课堂主阵地的作用，而且要加强对作业设计与实施的研究，把控作业数量，提升作业质量，使作业真正为学生的发展服务。

二、基于"课标"要求的定位

核心素养视角下的阅读策略教学对提高学生的阅读能力有着不可估量的作用，在阅读教学中老师要帮助学生建立起阅读的策略意识，教给学生适切的阅读策略，鼓励学生运用阅读策略进行大量阅读，在阅读中建构意义，培养独立阅读的能力和习惯，最终提升语文核心素养，使其向纵深发展并成为积极的阅读者。

三、基于"教材"特点的指向

统编版小学语文教材双线组元，其中安排了 4 个阅读策略单元，分别在三至六年级的上册，涉及预测、提问、提高阅读的速度和有目的地阅读 4 种阅读策略。在阅读教学中，进行阅读策略指导可以促进学生阅读理解能力的提升和独立阅读能力的发展。三年级上册第四单元就是其中一个阅读策略单元——预测。"预测"策略是一种探究式阅读方法，通过"猜测——验证"实现学生与文本之间的积极互动，有助于提升学生的阅读能力。本单元以"预测"这一阅读策略为主线进行整体编排，单元内容之间相互关联，突出训练目的的递进性和发展性。阅读策略的习得难以通过一次学习完全掌握，不能一蹴而就，需要经历"认知、学习、运用"的过程，需要通过作业引导学生在多种语言实践活动中迁移运用、逐步内化。因此，本单元在作业设计上也有其特殊性，有别于其他单元。

【单元教学背景分析】

一、教学内容分析及课时分配

（一）教学内容分析

1. 本单元在统编教材中的位置及作用

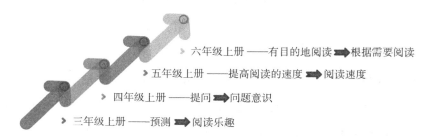

> 六年级上册 ——有目的地阅读 ➡ 根据需要阅读
> 五年级上册 ——提高阅读的速度 ➡ 阅读速度
> 四年级上册 ——提问 ➡ 问题意识
> 三年级上册 ——预测 ➡ 阅读乐趣

三上第四单元通过学习"预测"这一阅读策略来培养学生的阅读能力。在运用预测策略进行阅读时，学生会不断产生探求真相的心理冲动，并逐渐养成深度思考的习惯。通过预测，拉近学生与文本之间的距离，使学生投入到自主阅读中。恰当的预测策略的使用，能提高学生在阅读中的参与度，参与度的提高又促进学生的阅读体验。预测能发挥学生的想象力，达到训练想象思维和语言表达的目的。因此，预测策略不仅可以使学生掌握一种阅读策略，而且能够有效发展学生的思维能力、表达能力，从而提高学生的阅读素养，引导学生逐步成为积极主动的、拥有独立阅读能力的熟练阅读者。

2. 本单元的编排特点及作业功能定位

阅读策略单元属于阅读单元，结构体例与阅读单元基本相似，有精读、略读、识字写字、课后思考练习题、习作、语文园地。预测单元的设计同样也是从单元整体的教学思路出发。与普通单元不同的是，本单元不是以双线方式编排，而是完全以"预测"这一阅读策略为主线进行整体编排，单元内容之间相互关联，突出训练目的的递进性和发展性。每个教学内容承载着不同的教学任务，前一篇课文的学习是后一篇课文学习的基础。因此，在本单元的作业设计上也应体现这种层递性，引导学生从学到用、由知到行，通过实践与运用，掌握预测策略，感受阅读乐趣。

本单元围绕"预测"这一阅读策略进行编排。首先，单元篇章页先点明"猜测与推想，使我们的阅读之旅充满了乐趣"，说明编排这个单元的最终目标是引导学生爱上阅读，成为积极主动的阅读者。再提出本单元语文要素："一边读一边预测，顺着故事情节去猜想。学习预测的一些基本方法。尝试续编故事"。前两个要素指向策略的学习，后一个要素则是本单元的核心目标，指向策略的运用。

《总也倒不了的老屋》通过旁批，提示学生顺着故事情节，依据题目、插图、文章内容里的一些线索，进行预测。初步学习预测方法后，通过拓展阅读其他带有旁批的小故事，在作业中巩固学到的预测方法。《胡萝卜先生的长胡子》《小狗学叫》留给学生更多预测的空间，文前的学习提示，引导学生边阅读边预测故事的发展、结局。学生通过亲自去学校图书馆选书、猜想书的内容这样的实践类作业和拓展阅读其他没有结尾的小故事这样的拓展类作业，练习运用学到的预测方法。习作《续写故事》与预测有着相似的思维过程，是预测策略在习作中的实践。结合前三幅图上的文字，关注人物的动作、语言和神态，理清故事中人物关系，了解故事的起因，然后展开充分的联想，预测故事的发展和结局，把自己的预测通过文字形式表达出来。续写故事，也是在运用学到的预测方法。这样单元学习内容之间的关系就可以清楚地梳理出来：第一篇课文是学习的范例，通过课文学习进行策略的指导；后面的课文和习作引导学生在实践中综合运用本单元学到的预测策略。

三篇课文的课后练习，分别以对话框等形式，提示预测的线索、依据、方法，或引导学生开展预测验证、尝试练习预测等实践活动。在《胡萝卜先生的长胡子》课后也出现了"我在图书馆里找书看时，会先看标题，猜猜书的大致内容，再决定要不要看这本书"这样的交流内容，提示我们"预测"策略的练习，要从课内引向课外，从单篇引向整本书。语文园地的"交流平台"总结了预测的价值和意义，提示学生要在课外阅读中自觉运用预测这一策略。因此，在进行作业设计时，应结合这些课后练习题的设计意图，通过实践运用类、拓展延伸类作业，引导学生从课内走向课外，在课外阅读中主动运用预测策略，感受阅读的乐趣。

经过梳理，我们可以清晰地看到本单元的课程设置结构：以整体呈现，紧密联系，训练目标层层递进，体现从学到用的编排思路。

（二）课时分配

依据教材编排特点、教学目标以及学生学习的实际需要，可以适当增加课时、调整课序、重组教学内容。如：增加《夏洛的网》导读课，将语文园地中的"交流平台"与《夏洛的网》导读课进行重组；调整课序，将口语交际后置、习作提前，习作与阅读教学相衔接，这样更有利于学生巩固运用预测策略进行阅读和习作。此外，在《总也倒不了的老屋》第二课时中加入拓展阅读交流的环节、在习作第一课时中加入拓展阅读交流的环节，是为了对前面课时中布置的课后作业进行反馈、指导与评价。

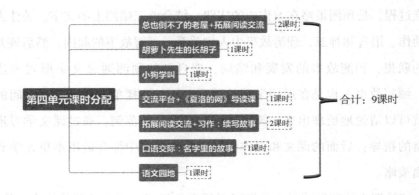

二、学生情况分析

学生从能借助拼音阅读开始，预测的行为就已经发生了，只是它是无意识、自发的行为。通过本单元的集中学习，教师要引导学生把无意识的阅读心理，转变为有意识的阅读策略，使阅读成为主动运用预测策略的过程。

在第一学段，教材的课后题设计上已经开始引导学生尝试运用预测。例如：二年级上册《雪孩子》中的问题"看到雪孩子变成白云，小白兔心里会想些什么呢"；下册《蜘蛛开店》的练习题"接下来会发生什么事？展开想象，续编故事"；《祖先的摇篮》的练习题"想象一下，在祖先的摇篮里，人们还会做什么"，这些都在为本学期学习预测做铺垫。

在开启本单元教学之前，我通过访谈的形式了解了学生已有的预测基础：

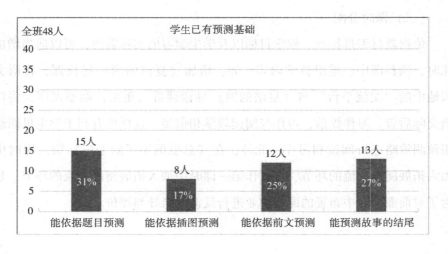

通过访谈，我发现学生在阅读时有无意识的预测行为（猜想），部分学生有一定的预测方法，如依据插图预测、依据故事题目预测等。但是，在有依据地预测、预测的情节完整性、联系生活经验进行预测、主动运用预测策略的意识等方面，不同的学生之间存在着较大的差异。

通过预测策略单元的学习，教师能够引导学生学会预测的基本方法，在有依据地预测、预测的情节完整性、联系生活经验进行预测等方面切实提升预测能力，在大量阅读实践中运用预测策略，提高主动运用预测策略的意识，促进阅读能力的提升。

通过访谈形式的小调查，我了解到学生喜欢作业类型的情况如下：

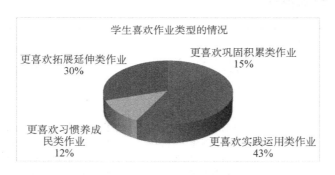

根据学习目标达成的需要，小学语文学科的作业可以分为四种主要功能：巩固积累、实践运用、习惯养成、拓展延伸。巩固积累类作业主要针对教学目标中的知识目标，这些目标往往与当天的教学内容紧密相关，有必要通过作业进行适当的巩固和强化。例如字词的巩固抄写，优秀句子、诗文的积累记诵等。这类作业对于三年级学生来说没有太大难度，比较容易完成，所以有15%的学生更喜欢这种作业类型。实践运用类作业主要针对教学目标中的方法、能力目标，这些目标往往与当天的教学内容相关，但难以通过一次学习完全掌握，需要通过作业引导学生在多种语言实践活动中迁移运用、逐步内化。例如语段仿写、阅读练习等。这类作业对三年级学生来说有一定的挑战性，但是比较有趣，学生能够亲自去实践，通过努力也能够较好地完成，所以有43%的学生更喜欢这种作业类型。习惯养成类作业对学生语文素养的养成具有重要的价值，需要每日持续培养，例如坚持观察、坚持阅读的习惯等。拓展延伸类作业指向于学生的延伸性、拓展性、探究性学习，对三年级学生来说也有一定的难度和挑战。教师在设计作业时，要根据作业的功能类型进行有的放矢的设计，确保作业能够达到深化学习的目的。

阅读策略的习得难以通过一次学习完全掌握，不能一蹴而就，需要通过作业引导学生在多种语言实践活动中迁移运用、逐步内化。因此，依据学情和策略单元学习的独特性，在本单元作业设计时，应以实践运用类作业为主，同时适当安排巩固积累类、习惯养成类以及拓展延伸类作业。

【单元教学目标】

分类	内容	学习目标	作业目标
课文	《总也倒不了的老屋》	1. 认识"暴、喵"等6个生字，会写"准、备"等13个字，会写"变成、门板"等14个词语。	会写"准、备"等13个字。
		2. 能试着一边读一边预测，知道可以根据题目、插图和故事内容中的一些线索进行预测，初步感受预测的好处和乐趣。 3. 懂得预测的内容跟故事的实际内容可能一样，也可能不一样。	通过拓展阅读带有旁批的小故事，练习运用本课学到的预测方法，初步感受预测的好处和乐趣。
	《胡萝卜先生的长胡子》	1. 认识"萝、卜"等5个生字。 2. 能一边读一边预测故事的内容，初步感受边读边预测的好处和乐趣；能根据故事的实际内容修正自己的想法。 3. 能尝试根据文章或书的题目预测故事的主要内容，对预测的故事产生继续阅读的兴趣。	通过到学校图书馆选书这样的实践作业，练习运用学到的预测方法，激发学生对自己所选的书目产生继续阅读的兴趣，进一步感受预测的好处和乐趣。
	《小狗学叫》	1. 认识"讨、厌"等11个生字，读准"吗、担"等5个多音字。 2. 能一边读一边预测后面的内容。 3. 能预测故事的结局，并将自己的预测与原文进行比较，体会预测的多样性，感受边阅读边预测的乐趣。 4. 能尝试运用预测策略阅读课外书。	通过拓展阅读不带旁批、去掉结尾的小故事（提供多篇这样的小故事，学生自选），练习独立运用预测的方法进行阅读。

续表

分类	内容	学习目标	作业目标
导读课	交流平台＋《夏洛的网》导读课	1. 能结合阅读体验，交流、总结运用预测策略的好处，知道在课外阅读中要自觉运用预测策略。 2. 运用预测策略进行课外阅读，感受边读边预测的好处和乐趣。	激发学生运用预测策略阅读课外书的兴趣，通过自主阅读《夏洛的网》或之前的自选书目，继续练习运用预测策略进行阅读。
习作	续写故事	1. 能根据插图和提示续写故事，把故事写完整。 2. 能运用改正、增补、删除的修改符号，修改有明显错误的内容。	运用预测策略，展开合理想象，续写故事。
口语交际	名字里的故事	1. 能了解自己或他人名字的含义或来历，把了解到的信息讲清楚。 2. 听别人讲话的时候，能有礼貌地回应。	了解他人名字的含义或来历，听别人讲话的时候，能有礼貌地回应。
语文园地	识字加油站	1. 能运用查字典的方法自主认识"轴、基"等7个生字。	通过课中作业（相应的练习题），认识7个生字、读准多音字、积累带有数字的成语、了解引用人物所说的话的3种不同形式、背诵积累与团结合作有关的4句俗语。
	词句段运用	2. 能结合语境读准"假、几"等多音字的读音。 3. 能说出"百发百中、四面八方、七上八下"等成语构词的特点并说出其他类似的成语。 4. 能了解引用人物所说的话可以有3种不同的形式，并能仿照其中一种形式写句子。	

【教学过程】

第一阶段：习得方法，懂得预测，主动阅读

《总也倒不了的老屋》（2课时）

第一课时：

一、单元导读，明确学习重点

1）学生读单元导语页。

2）通过交流，明确单元主题和语文要素。

【设计意图】从单元导语页整体导入，明确单元学习内容和学习要求。

二、依据题目进行预测

1）学生读课题。

2）教师引导：依据题目，请你猜猜这个小故事中会发生什么事呢？

3）教师小结：可以依据题目进行预测。

【设计意图】引导学生学习依据题目进行预测，在本节课拓展阅读作业中、在去图书馆选书实践作业中（《胡萝卜先生的长胡子》课后作业），都会继续练习运用依据题目进行预测的方法。

三、细读课文，初步学习"预测"方法

1）学习第1—2自然段，感受老屋的慈祥、孤独。

2）学习第3—6自然段，初步学习预测的方法。

【设计意图】依据课文文本特点，选取3—6自然段，引导学生初步学习依据插图、内容、生活经验等进行预测的方法。在本课后面的学习中，学生尝试练习运用这些预测方法，在本节课的课后作业（拓展阅读）中，学生将继续运用这些预测方法阅读带有旁批的小故事，达到掌握本节课学习的预测方法的目的。

3）学习第7—17自然段，尝试运用预测的方法。

【设计意图】采用"教、扶、放"的教学策略，引导学生先学习再运用预测的方法，体验预测给阅读带来的乐趣。

4）分角色朗读小猫、老母鸡、小蜘蛛与老屋对话的部分。

5）补充原文情节，引导学生思考。

【设计意图】补充原文中的情节，训练学生的思维，再次体会要顺着故事的情节去猜想。

四、师生共同总结本课收获

五、布置作业

1）（选做）试一试：和爸爸妈妈分享这个小故事，在某些地方停下来，让爸爸妈妈猜一猜接下来会发生什么呢？

2）运用学到的预测方法，阅读《六个矮儿子》：一边读一边顺着故事情节去猜想，读到哪里你有了猜想，就在旁边画一个小三角，想想你的猜想是什么，你这样猜想的依据是什么。

【设计意图】通过作业1）感受在哪些地方可以进行预测，引导亲子阅读，家校互动，使学生再次体会预测给阅读带来的乐趣。通过作业2）尝试运用预测策略阅读带旁批的小故事。

第二课时：

一、《六个矮儿子》拓展阅读交流

1）集体交流阅读《六个矮儿子》时的一些猜想，分享阅读的快乐。

2）利用作业评价表，进行自我评价、小组内同学评价、老师评价。

【设计意图】北京教科院"义务教育阶段教师优化作业的十条建议"中指出，要加强作业批改、讲评以及对学生作业完成情况进行阶段性评估。布置的作业，要有反馈、指导和评价。因此，在第二课时伊始，引导学生对第一课时的课后作业——运用预测方法阅读《六个矮儿子》进行交流和评价，学生在与同学交流、分享的过程中互相启发，更好地掌握预测的方法，体验边读边猜想的乐趣。

二、回顾课文内容，梳理文章线索

三、感受人物形象

老屋给你留下了什么样的印象？联系插图和课文内容说一说。

【设计意图】这是课后练习中的第二题，引导学生通过联系课文的插图、联系课文的内容、联系生活中的人和事，猜想老屋的内心，从而更全面地感受老屋的形象。

四、预测故事的结尾

这个故事读完了，你来预测一下故事的结尾是怎样的？你会怎样写呢？先想想，再在小组里交流，最后分享给大家。

【设计意图】学生在积极的思维和情感活动中，加深理解和体验故事所传递的主旨，通过预测结尾引导学生不断地感悟与思考，获得启迪。

五、关注旁批和课后学习伙伴的话

【设计意图】基于第一课时的学习，引导学生继续关注本文的旁批，发现本文的旁批是把预测的内容及时地写到相应的地方，这是一种很好的记录思考过程的方法。之后，再次关注课后学习伙伴的话，进一步梳理如何预测、有依据的预测、预测的方法、预测的多样性。最后，引导学生领悟这些旁批出现的位置，从而感悟到要顺着故事情节预测，再次落实单元语文要素。引导学生关注旁批也是为本课时的课后作业（拓展阅读带有旁批的小故事）做好铺垫，同时也是为学生课后独立完成这项作业"搭梯子"。

六、学习生字，书写生字

重点指导笔画较多、学生不易写好的"暴、睡、壁、等"4个字。

七、布置作业

1）继续书写"准、备"等其余9个字。

2）运用学到的预测方法，阅读小故事《猴子种树》，与同学交流分享你的预测。

【设计意图】通过作业1）掌握本课生字。通过作业2）尝试运用预测策略自主阅读带有旁批的小故事，巩固策略的运用。

第二阶段：运用实践，养成习惯，爱上阅读（3课时）

《胡萝卜先生的长胡子》（1课时）：

一、回顾前文，导入课题

1）回顾前一课的学习：读故事可以根据什么进行预测？

2）引出课题，依据题目展开预测。

【设计意图】在题目处对故事进行预测，学生已经在上一课有所体验，此时的设计，更是对上一课学习的唤醒，让学生关注本课新奇有趣的课题，从而激发学习兴趣。

二、迁移"预测"，读好故事

1）明确阅读要求，帮助学生预测故事。

默读课文，一边读一边想：接下来可能会发生什么事情？在你有预测的地方画个小标记，再想想你预测的依据是什么。

【设计意图】学生模仿前一课习得的方法，在课文空白地方做批注，写下预测，引导学生在练习做批注的同时回顾自己的思维过程。这是对上节课学习过程和方法的复现，为了巩固强化学生的预测意识，重复上一节课阅读活动，是为了引导学生练习预测。同时，文本故事的不同和不完整给本堂学习预测活动增加了挑战，对锻炼学生运用预测策略阅读起到了助推的作用。

2）自主阅读，边读边预测。

【设计意图】略读课文的教学必须给予学生足够的独立学习时间，因此，本环节的时间一定要给够，空间要给足。

3）预测汇报。学生读相关内容，交流对故事的预测，并说出预测的依据。

4）仔细听别人的汇报，同一处预测，有不同想法的，可以来补充。

【设计意图】先打开思路进行预测，再通过继续阅读验证预测，引导学生在读文时根据故事内容调整自己的预测方向。

三、借助留白，初试续编

1）小组交流：胡萝卜先生还会遇见谁呢？又会发生什么事？小组交流，创编故事，比一比谁说的最合理、最有意思。

2）读原文的相关部分。

【设计意图】预测故事的几种不同发展可能，这一环节以小组活动的形式进行，旨在引导学生朝着多种可能方向预测故事的发展，大胆表达自己的想法。在交流时教师强调预测要有依据，关注题目、前文情节和插图等提供的线索，将自己的预测与原文作对比并进行修正是对学生预测能力的提升。

四、升华主题，感悟助人的快乐

1）预测故事的结尾。

2）将原文的故事结尾与自己预测的结尾进行对比。

【设计意图】激发学生在对比中思考。引入原文中意料之外、情理之中的结尾，学生再次感受到猜读充满乐趣，感受到故事的魅力，引发更深更远的阅读期待。

3）为什么说胡萝卜先生的长胡子太棒了？

【设计意图】引导学生关注胡萝卜先生对长胡子从一开始的发愁，到后来的转变，理解帮助别人，自己也会收获快乐的意义所在。

4）梳理预测方法。

五、迁移生活，拓展阅读

像课文这样有趣的故事还有很多，假如你走进图书馆，看到书架上有这些书，你要为自己挑选一本，你会选择哪本呢？为什么？

【设计意图】完成课后习题，通过此题我们也给出了明确的指向，预测最终是要运用到阅读中去，引导学生从预测故事的主要内容，到产生阅读这些文章或书的兴趣。让学生将课内阅读学到的预测策略迁移到课外阅读中去，同时也为自选课外书和拓展练习预测做了铺垫。

六、布置作业

亲自走进学校图书馆选书，先看书名和封面插图，猜猜书的大致内容，再决定要不要看这本书，最后选定一本书借走，运用预测方法自主阅读。

【设计意图】 这项作业是对课上作业的拓展延伸和实践运用，引导学生能尝试根据文章或书的题目预测故事的主要内容，对预测的故事产生继续阅读的兴趣，初步感受预测的好处和乐趣。

《小狗学叫》（1 课时）：

一、借助预测，把握内容

1）自由读故事，一边读一边预测后面的内容，想一想：故事的结局可能是什么？

2）先同桌交流自己的预测，再集体交流。

3）回顾故事内容。

【设计意图】 本文篇幅较长，对于三年级学生来说，想在短时间内快速阅读并了解大意、正确理解文章内容是很有难度的。在这个学习活动中，学生正是运用预测的阅读方法，提升阅读专注力，通过及时对阅读内容进行梳理来增强阅读理解。

二、小组合作，聚焦结局

1）自由阅读文中的三个结局，出示学习活动建议。

选择：小组统一选择一种最感兴趣的结局。

讨论：小组合作预测接下来会发生什么并说明依据。

发言：小组整理内容，准备发言。

2）交流指导。

选择学生最感兴趣的一种结局，交流预测的内容并说明预测依据。

听原文结局的录音，思考：哪里跟自己预测的一样？哪里不一样？

关注自己的预测与原文结局一致的地方，体会预测的第二个好处：为了预测得更准确，读得更仔细了。关注自己的预测与原文结局不一样的地方，感受预测的多样性。

3）小组之间交流，启发反思，进一步体会童话结尾的秘密：首尾呼应，结尾既在意料之中，也在意料之外。

【设计意图】本文开头和故事情节都很完整，但提供了三个故事结局。它的作用也是非常明显的，教师要利用此课教会学生有依据地预测合理的故事结局。预测结尾需要整合的信息更多，预测内容更加细致，因此预测结尾是对预测提出的更高要求，学生先自己思考，再小组合作，引导学生更加深入地思考，为预测结尾"搭梯子"。

三、布置作业，拓展实践

1）选一本同学不熟悉的故事书，读给他们听。读的时候，在某些地方停下来，让他们猜猜后面可能会发生什么。

【设计意图】这是课后习题，引导学生自选课外书，拓展练习预测，鼓励学生能够运用预测策略读课外书，课内外的有机统一，强调了阅读实践中对预测策略的主动实践。

2）独立运用预测方法阅读故事《大雁和鸭子》，续编故事的情节和结尾，还可以给故事配上插图。

【设计意图】独立运用预测的方法进行阅读，能一边读一边预测后面的情节，能预测故事的结局，体会预测的多样性。同时，这项作业也是对本节课学习的预测策略的巩固运用。

交流平台 +《夏洛的网》导读课（1 课时）：

一、借助"交流平台"，回顾、梳理，同伴间相互交流、分享，从而提炼出预测方法，养成预测习惯，提高阅读理解能力

【设计意图】通过交流平台引导学生体会：预测远不止有趣，对我们平常的阅读还有实实在在的帮助，有着巨大的价值。这样就可以使学生更主动地在阅读中运用预测策略。

二、《夏洛的网》导读

（一）共读导入

1）依据书名和封面插图进行预测。

2）引导学生通过关注书的封面、作者、人物表和目录等方法，对这本书有一个大致的了解。

（二）片段欣赏，走进作品

1）片段欣赏。

2）小组成员在组内分享自己的预测。

3）集体交流预测。

（三）总结梳理，激发兴趣

在阅读过程中，有些同学运用"预测"的方法猜读细节，有些同学还创编了与作者不同的结尾，希望大家能运用所学的方法读更多的好书，培养良好的阅读习惯，增长知识，开阔视野，陶冶性情。

三、布置作业（周期性作业）

运用预测策略自主阅读《夏洛的网》，也可以继续阅读自选的书目，和大家交流阅读收获。

【设计意图】梳理总结预测策略，激发学生运用预测策略阅读课外书的兴趣，练习运用预测策略，掌握阅读方法。

第三阶段：自我表达，拓展延伸，持续阅读（4 课时）

习作：续写故事（2 课时）

第一课时：

一、《大雁和鸭子》拓展阅读交流

1）集体交流阅读《大雁和鸭子》时预测的故事情节和结尾，分享阅读的快乐和收获。

2）利用作业评价表，进行自我评价、小组内同学评价、老师评价。

【设计意图】北京教科院"义务教育阶段教师优化作业的十条建议"中指出，要加强作业批改、讲评以及对学生作业完成情况进行阶段性评估。布置的作业，要有反馈、指导和评价。因此，在习作第一课时伊始，引导学生对《小狗学叫》的课后作业——运用预测方法阅读《大雁和鸭子》进行交流和评价，在与同学交流、分享的过程中互相启发，更好地掌握预测的方法，体验边读边猜想的乐趣。阅读《大雁和鸭子》也是对故事情节和结尾进行预测，这与本节习作课的内容也有相似之处，有助于学生更好地完成习作。

二、谈话激趣，导入习作主题

三、整体了解图文内容，推想人物关系

（一）推想人物关系

1）在这三幅插图中，只出现了一个人物的名字——李晓明。你能推测出哪位是李晓明吗？说说你的依据。

2）学生根据图中泡泡里的内容，把两幅图前后联系起来想，做出准确的推测。

3）为了叙事方便，给其他人物起名字。

（二）整体了解图文内容

1）几幅图讲的是一件什么事。

2）追问：不但把图上有的内容说清楚了，还补充了故事发生的时间、地点以及第四幅图可能发生的故事。能说说你是怎么想到的吗？

3）梳理总结：运用自己的生活经验，联系画面和文字提供的线索，发现几幅图之间的内在联系，从而做出合理推想。

四、关注插图细节，推想人物想法

认真观察图一和图二，推想李晓明的心情并说一说这样推测的理由。

【设计意图】引导学生关注图中文字传递的信息和图中人物细微的表情，再结合自己的生活实际，就能把人物的想法推想得合情合理。

五、提示多个推想故事的角度

启发学生从不同的角度，展开丰富的想象，进行创造性的续写。

【设计意图】引导学生了解续编故事首先要弄清三幅图画写了些什么，接着根据三幅图片的内容展开合理的想象，预测故事进一步的发展，续写接下来的故事，然后连贯地把故事写下来。

六、布置作业

继续完成本次习作：续写故事。

第二课时：

一、共赏习作，相互借鉴与启发

【设计意图】基于第一课时学生已有的成文，以鼓励为原则，充分展示与交流，在交流中改进，拓宽思路，使续写故事更加合理。

二、同伴学习，在互助中修改习作

1）小组内互换作品，认真读，找亮点，挑"毛病"。

2）对写得不够好的方面，向小伙伴提出自己的修改意见，双方进行沟通、交流。

3）利用修改符号修改自己的作文。

三、成果展示，全班共赏

四、继续修改，完善作文

【设计意图】本单元的习作是《续写故事》，要求学生把故事往下写完，写好以后自己把有明显错误的地方修改过来，和同学交流，说说更喜欢谁写的故事。这也与学生的预测有关，也涉及比较、自我反馈与修正。大量的听说读写实践活动，意在引导学生反复运用预测策略，从而构建从学到用、由知到行的完整学习过程。

五、布置作业

运用预测策略阅读故事《鸡妈妈的新房子》，续写故事，还可以配上插图或制作小绘本。

> **【设计意图】** 继续引导学生实践与运用预测策略，续写故事。

口语交际：名字里的故事（1课时）

一、导入，明确学习目标

> **【设计意图】** 引导学生在交流中明确交际内容和重点：明确"说"与"听"的要求（说什么？听什么？）交际重点（怎么说？怎么回应？）

二、学习"讲清楚"

1）自主练说，发现真实问题。请一位同学介绍自己名字里的信息。

2）互动评价，提出完善建议。

3）师生小结。归纳：要说出名字的含义、故事等。

4）第二次练说，完善表达。

5）通过多人展示拓宽说的思路。了解更多名字的来历：属相、典故、父母联名等。

三、学习"礼貌回应"，会交流

1）明确"听"的要求：听别人讲话的时候，要礼貌地回应。

2）自主反思：有问题时礼貌回应的做法；没有问题时怎样倾听才是礼貌的回应。

3）通过邀请"礼仪博士"进行讲解的方式，继续明确怎样做才是礼貌回应。

四、练习讲述，在实践中完善

1）小组内互相介绍自己名字里的故事。

2）班级展示，生生交际。

3）小游戏——你的名字我来猜。有依据地猜猜同学名字的意思，然后同学本人礼貌回应他们猜的对不对，猜对了你该怎么礼貌回应，不对你又该怎么回应呢？

4）你说名人故事我猜名字。

五、布置作业

和更多小伙伴交流名字的故事。

【设计意图】在分享和交流中，学生能够了解并感受名字中所包含的文化意蕴和长辈的关爱期待。

语文园地（1课时）

一、识字加油站

运用查字典的方法，自主识记"轴、基"等7个字。

【设计意图】引导学生复习巩固查字典的方法，鼓励学生当遇到不认识的字时可以自己通过查字典解决，养成自主学习的好习惯。

二、词句段运用

1）读词语，根据加点字的意思读准"假、几"等多音字的读音。

2）能说出"百发百中、四面八方、七上八下"等成语构词的特点。能说出类似的成语。

3）了解引用人物所说的话可以有三种不同的形式。

引导学生自由读句子，读后发现规律。

观察三句话的提示语，交流自己的发现。

小练习：照样子写句子，注意引号的用法。

三、日积月累

1）借助拼音把四句俗语读准确，边读边想这四句俗语表达的是什么意思。

2）教师描述具体情境，学生说出此情境对应的俗语并且说清理由。

3）背诵四句俗语。

四、布置作业

继续背诵四句俗语。

【设计意图】对于个别学生来说，当堂背诵积累四句俗语可能有困难，因此布置这项作业，学生可以根据自己课上掌握的情况来完成。

第三节　第二学段四年级上册《为中华之崛起》单元视角下的教学设计

【指导思想与理论依据】

《语文课程标准》指出："工具性与人文性的统一，是语文课程的基本特点。"统编教材充分关注到这一点，围绕"人文主题"和"语文要素"双线组织单元，在单元导语中明确要素，在单元课文中落实要素，在语文园地中强化要素，环环相扣，循序渐进。工具性就是"言"，人文性就是"意"，工具性与人文性的统一即"言""意"的统一，这应当是语文阅读教学的本质取向。

本单元的人文主题是"天下兴亡，匹夫有责"，这是一种家国情怀，是中华优秀传统文化的基本内涵之一。在《中国学生发展核心素养》总体框架中，核心素养包括文化基础、自主发展、社会参与三个方面。夯实文化基础，培育家国情怀是语文教学不可或缺的一部分。课堂中，学生除了理解周恩来立下远大志向的原因，还要知道个人命运与国家命运是息息相关的。通过明确角色定位，启发学生思考读书的意义，从小立志。

【单元整体教学背景分析】

本单元选文特点：

第一，实现了文道统一，更加注重体现家国情怀。如周恩来"为中华之崛起而读书"的抱负与胸怀，以及梅兰芳蓄须拒绝为日本人演戏等真实爱国事例。

第二，本单元在文体上有现代文、诗歌，在时间上从古到今，在地域上从沈阳到延安。

第三，本单元的阅读和习作要素可以通过单元整合在教学上更加有序地呈现并实现螺旋上升。其中，与"关注主要人物和事件，学习把握文章的主要内容"这一语文要素相关的是两篇叙事性文章。《为中华之崛起而读书》是精读课文，侧重引导学生通过先弄清每件事讲了什么，再把几件事情连起来的方式把握文章的主要内容；《梅兰芳蓄须》是略读课文，侧重引导学生自主运用这种方法把握课文的主要内容。前者强调教与学，后者强调迁移运用。

四年级的学生学习本单元，课文内容与学生生活经历及认知有一定距离，学生对当时的社会背景不了解，与文中的人物产生情感共鸣有一定困难。教师可以发挥资料的作用，从课后资料引入——教师提供资料——学生尝试查找——主动运用展开。训练是循序渐进的过程，需要教师引导，学生才能更好地感悟人物的爱国情怀。

本单元语文要素是学习关注主要人物、事件，把握课文主要内容。三年级学生能够"借助关键语句概括一段话的大意"，本册教材"了解故事的起因、经过、结果学习把握主要内容"在此基础上，学习从一件事到多件事把握文章的主要内容的方法能使学生学习能力螺旋式提升。

【单元整体教学目标】

一、课文——《古诗三首》《为中华之崛起而读书》《梅兰芳蓄须》《延安，我把你追寻》

1）认识 30 个生字，读准 3 个多音字，会写 21 个字，会写 15 个词语。

2）能正确、流利、有感情地朗读课文。背诵 3 首古诗。默写《出塞》《夏日绝句》。

3）能关注主要人物和事件，把握文章主要内容。

4）能查找资料，练习时代背景理解课文内容，感受人物的情怀。

5）写自己的读书目的，做到理由清楚。

二、习作——写信

1）能用正确的格式写一封信，做到内容清楚。

2）能正确书写信封。

三、语文园地——交流平台、词句段运用、日积月累

1）能交流、总结把握文章主要内容的方法。

2）正确认读形容人物高尚品质的词语，并能举例说出词语形容的人物。

3）能体会陈述句和反问句的不同语气，并在具体的情境中运用。

4）朗读、背诵古诗《别董大》。

【单元整体教学流程】

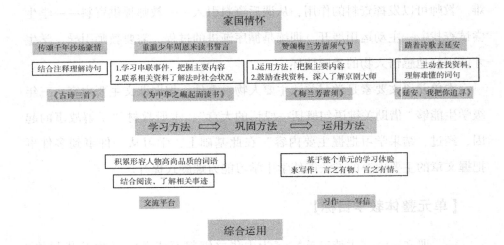

【教学过程】

一、回顾事件，整体把握主要内容

1）轻声读课文，回顾主要内容。

2）复习三组词语：

崛起　　赞叹

不振　　训斥

疑惑不解　　热闹非凡

3）根据提示、结合词语，说课文的主要内容。

时间	地点	人物		事件	
新学年	修身课	魏校长	周恩来	崛起	赞叹
十二岁				不振	疑惑不解
				热闹非凡	训斥

【设计意图】注重一二课时的衔接，在复习词语的基础上，借助表格回顾课文的主要内容，串联三件事，巩固抓住主要人物、事件，按照事情的时间先后或课文的叙述顺序，把握课文的主要内容。

二、聚焦"中华不振"，明确立志原因

（一）梳理提问，走进文本

1）回顾课前学生提出的问题。

2）梳理学生提问：能用文中话概括这几个小问题。

（二）创设情境，体会远大志向

1）创设情境：带着这些问题和思考走进课文，来到那次修身课上……感受周恩来的远大志向。

2）分角色朗读，思考：同样的一个问题，同学们的回答，有什么不同？

3）初步了解周恩来，出示周恩来生平相关资料。

（三）结合资料，初步感悟"不振"

1）整合学生提出的问题。

为什么周恩来要为中华之崛起而读书？

为什么说中华不振？……

2）教师巡视交流。

3）教师相机补充资料，谈对伯父说的话的体会。

4）小结：学习课文时遇到不理解的内容，我们可以结合资料来体会，读过的书，相关的图片，以及一些影视作品都是我们的好帮手。

（四）聚焦人物，深入感悟"不振"

1）默读第三件事，就学生提出的问题继续展开讨论交流。

出示相关语句。

聚焦人物，用恰当的词语表达对课文的理解。

出示"词句段运用"中两个描写"围观的中国人"的句子，对比体会反问句。

2）出示资料：被外国人占据的地方图片。

3）此刻，哪位同学愿意用你的朗读再现当时的场景。

【设计意图】教师引导学生聚焦提出的有研究价值的问题，读课文，找句子，借助师生共查的资料谈感受，加深对"中华不振"的理解，更深入地体会当时周恩来的心情，理解周恩来立下志向的原因，从而探究问题。在这个过程中学生自然地将自己代入情境，情感共鸣，他们能怒周恩来之怒，悲周恩来之悲。

三、归纳概括，深刻体会立志原因

1）为什么周恩来会立下为中华之崛起而读书的志向？你能再次结合着课文所讲的三件事和自己的阅读感受说一说吗？

2）播放朗读视频拓展课后资料：理解周恩来的诗句《大江东去掉头东》。

此时，你对周恩来立下为中华之崛起而读书的志向又有了怎样的理解？

3）教师小结："为中华之崛起而读书"这简短的 9 个字成为周恩来一生为之奋斗的目标。

【设计意图】引导学生从周恩来亲历的三件事中体会周恩来的心情和想法，深入理解其立志的原因。在此基础上，阅读周恩来东渡日本前夕写下的《大江东去掉头东》，更进一步理解其远大的志向和立志原因。

四、拓展升华，激发读书立志

1）创设情境，提出问题：你为什么而读书？你会怎样回答呢？

2）出示词句段运用：勾连课文内容，布置作业。

【设计意图】创设情境，学生交流读书目的，感悟高远的读书观能给学生学习带来更大的动力。整合园地中"词句段运用"中形容人物的词语，引导学生继续查阅资料，了解背后的人物故事，迁移运用积累的学习方法。

板书：

为中华之崛起而读书

听　　不振

见　　屈辱　　志存高远

思　　崛起

第四节　第三学段五年级上册第三单元《民间故事》阅读单元整体教学设计

【指导思想与理论依据】

王宁先生对语文核心素养进行解读时指出："语文学科核心素养是学生在积极的语言实践活动中积累与构建起来，并在真实的语言运用情境中表现出来的语言能力及其品质；是学生在语文学习中获得的语言知识与语言能力，思维方法与思维品质，情感、态度与价值观的综合体现。"课标要求学生在学习语言文字运用的过程中，构建语言运用机制，增进语文学养，努力学会正确、熟练、有效地用祖国语言文字。同时，语文核心素养也是思维的发展与提升，强调学生通过学习语言的运用，能够获得思维能力的发展，以及思维品质的提升，传承中华优秀传统文化。

单元整合教学，立足于单元视角，依据不同主题、内容、训练点和体裁等整合成单元，展开单元教学。这样有助于将学生的阅读、习作、口语交际等内容进行整合，帮助学生构建学习体系，培养他们的学习能力，让学生形成方法关联力和逻辑连贯力。

【背景分析】

一、教材分析

统编教材五年级上册第三单元以"民间故事"为主题，编排了 2 篇精读课文《猎人海力布》《牛郎织女（一）》和 1 篇略读课文《牛郎织女（二）》，这 3 篇文章都是民间故事的经典之作。另外，还编排了《口语交际·讲民间故事》《习作·缩写故事》《语文园地》以及《快乐图书吧》。其中《语文园地》包含交流平台·创造性复述的三种方法、词句段的运用·体会意思对应的俗语和成语以及仿照例子，将故事情节说具体。另外，园地中还有日积月累·诗歌积累《乞巧》。从内容上看，本单元课文紧紧围绕民间故事展开，安排了一系列阅读民间故事的活动，旨在激发学生对于这一民间文学形式的喜爱。

本单元要落实的语文要素是了解课文内容，创造性地复述故事；提取主要信息，缩写故事。就本单元的语文要素落实，横向来看，口语交际，还有语文园地中的交流平台，词句段运用，都有针对如何创造性复述的方法提示。

《猎人海力布》一课，课后练习 2，引导学生把自己设想成故事中的人物，以故事中人物的口吻来复述故事；

《牛郎织女（一）》一课，课后练习 2，让学生发挥想象创编故事进行复述；

《牛郎织女（二）》以"课前提示"的形式引导学生运用"绘制连环画配文字"的方法复述故事。

这些课后题是训练学生创造性复述的抓手。口语交际·讲民间故事，则是将学到的方法进行实践运用。

本单元的习作要求是"提取主要信息，缩写故事"，旨在引导学生通过摘录、删减、改写、概括等方法简要地介绍故事。同样是在语文园地·习作中提出方法，教师可以利用《猎人海力布》的小练笔，以及《牛郎织女

（二）》一课作为延续训练。

通过研读教材，抓住本单元教材内容的特点，在教学设计时可以尝试进行调序、合并、呼应以及贯穿。以"读故事，讲故事"为贯穿本单元学习的线索，找到三篇课文与本单元语文要素的结合点，指导方法并进行训练，灵活调整单元内各个板块的顺序，将本单元组织成一次语文综合性学习活动。

民间故事是我国优秀的传统文化，故事中富含美好的情感感染与价值观念的认同，这是民间故事的灵魂所在。借助教材展开想象进行说与精简内容进行写，可以围绕主要信息展开缩写和创编，借助交流平台传递的信息，制定相应的评价，落实单元教学目标是对学生语文核心素养的发展培养。

二、学情分析

本单元要引导学生由有顺序、有重点地复述，过渡到创造性地讲故事，重在培养学生的口头表达能力和讲故事的表现力。

【单元整体教学目标】

1）学习本单元生字、新词。

2）初步了解民间故事的特点，能感受阅读民间故事的快乐，乐于与大家分享课外阅读的成果。

3）能以故事中人物的口吻讲故事；能丰富情节，把简略的地方讲具体。

4）能缩写民间故事，做到内容完整、情节连贯、语句通顺。

【教学过程】

第一阶段：阅读先行，激发兴趣

一、将"快乐读书吧"任务前置——感受民间故事特点

开学初，先安排一课时的时间，作为综合性学习的先导课。

1）回顾《文成公主进藏》一课。

2）导读"快乐读书吧"中的民间故事《田螺姑娘》。

3）借助这两篇民间故事，讨论民间故事有什么特点。

4）开展广泛阅读民间故事的活动。

5）阅读过程中，可以填写阅读记录单，记录自己的阅读过程。

民间故事阅读记录单		编号：	
阅读时间		故事名称	
最喜欢的人物 （理由）			
最喜欢的情节 （理由）			
阅读感受			

二、中期阅读交流——激发创造性复述的兴趣

（一）开展阅读活动——"找不同"

在阅读活动开展的过程中，引导学生关注同一个民间故事，在不同的版本中，可能出现不同的故事情节。

1）读一读——同一个民间故事中不同的情节。

举例：《嫦娥奔月》这则民间故事，在阅读中，对嫦娥吞下宝物有以下五个不同的版本：

A. 嫦娥因不知详情而全服下；

B. 嫦娥是好奇偷食；

C. 嫦娥是故意盗之；

D. 后羿冷落嫦娥，嫦娥伤心吞下；

E. 后羿的部下蓬蒙趁后羿率众徒外出狩猎时手持宝剑闯入后院，威逼嫦娥交出宝物，嫦娥危急中将宝物吞下……

2）议一议：你更喜欢哪一个版本的故事？说清楚理由。

3）想一想：为什么会出现这样的不同？体会到民间故事大多是口头传播，因此讲述者会对故事进行再创造，使故事更加吸引人。

4）试一试：激发学生创造性复述的兴趣——同一个故事可以有不同的讲法，那么我们在读故事的时候，就可以多找几个版本来读一读。在广泛阅

读的基础上，自己也可以试着创编属于自己的版本。甚至可以制作编写自己班级的《民间故事集》。

（二）推动"快乐读书吧"任务

安排学生进行补充推荐阅读，引导学生把新教材中年级的民间故事也进行补充阅读，做好新旧教材的补充和衔接，比如，组织阅读三年级下册的《漏》《枣核》等文章。

【设计意图】围绕"民间故事"这一单元主题，先组织学生进行广泛的阅读，在阅读积累中，让学生自然而然感受到民间故事的特点，激发学生的阅读兴趣。同时，几个回合的阅读交流，对学生进行了阅读方法的点拨与指导。在此过程中，还不忘与新旧教材进行勾连，充分做好新旧教材使用过程中的衔接与过渡。将语文学习从课内延伸到课外，进一步增强学生自主学习、解决问题的能力，促进学生主动开展课外阅读，并定期组织交流体会，解决学生在阅读中的问题，提供阅读方法的指导，引发阅读思考，使学生在阅读中感受语文学习的快乐。

第二阶段：立足教材，教学推进

一、《猎人海力布》

第一课时——学习字词、整体感知：

1）默读课文，梳理内容——想一想，围绕海力布，课文每个自然段都写了什么内容？可以用框架图的形式进行展示。

2）合并信息，概括大意——借助框架图，说一说课文的主要内容。

3）再找联系，简要复述——用自己的话简单说说这几件事之间的联系，简要复述故事。

第二课时——变换人称讲故事：

（一）创设情境

在之前的阅读中，我们发现，同一则民间故事可以有很多不同的版本，我们每一个人都可以是民间故事的作者、讲述者。那么我们如何讲好《猎人海力布》这个故事呢？今天，我们就先挑选故事中的一个情节，来试着讲一讲。（小声讲给自己的同桌听）

（二）聚焦情节

聚焦课文第8—10自然段

1）先关注语气词和标点，试着读出海力布内心的着急。

2）圈出表示海力布心情的词语，体会海力布的心情变化。并找出与之对应的乡亲们的表现，在书中画一画，适当做批注。

3）抓住人物的心理，借助批注，我们很清晰地看到了这一段故事的情节发展，那么接下来可以试着详细复述这个片段。

4）创造性复述。结合课后第二题，进行角色扮演式的复述，能不能扮演"海力布"，以他的口吻来讲一讲救乡亲的片段。再变换一个角度，试着扮演"乡亲"，结合评价讲一讲自己得救的故事。

以"海力布"的口吻讲故事

从鸟儿们的议论中听到了即将发洪水的消息，心里是又惊又怕，来不及多想，赶紧往村里跑，想尽快告诉大家。刚跑到村口，就看到了在田里干活儿的乡亲们，我奋力喊道："不好啦，大家赶快搬到别处去吧，这个地方不能住了！"谁知，乡亲们听到后面面相觑，还纷纷询问我，住得好好的，为什么要搬家呢？我急得眼泪都要掉下来了，可就是没有人相信我。情急之下，我再次喊道："乡亲们啊，我可以对天发誓，我说的话都是千真万确的，相信我吧，赶快搬走，再晚就真的来不及啦！"听完我的话，乡亲们还是一脸疑惑，村长也焦急地对我说："海力布啊，你是我们的好邻居，我们知道你从来不说谎话。可是今天你让我们搬家，总得说清楚啊！咱们在这里住了好几代人了，老老小小，不能说搬就搬呀。"

我十分理解乡亲们的心情，可是我也不能眼睁睁看着大家被洪水冲走，我知道，现在必须冷静下来，跟大家说清楚，虽然我明白这样做的后果，但是已经管不了那么多了。我把事情的原委一五一十地告诉了大家，我一边说，一边觉得自己的身体再次逐渐变得僵硬，从脚掌开始，到双腿，到肚子，最后甚至连我的脖子都动不了了，我知道自己马上就要死了，但是只要乡亲们能平安无事，就是永远变成一块石头，我也心甘情愿。终于，说完最后一句话的时候，我觉得连舌头都开始僵硬了，但是我看到了乡亲们焦急的表情，我知道大家终于相信了我说的话，我一点儿也不后悔。

（学生作业展示）

以"乡亲"的口吻讲故事

这一天，我们和往常一样，早晨起来就到村口的田里干活儿。一抬头，看到海力布从远处飞奔而来，一边跑，好像还一边冲我们喊着什么，看他的神情，好像又着急，又害怕。跑近一些，我终于听清了，他不停地喊着："不好啦，大家赶快搬到别处去吧，这个地方不能住啦！"听了他的话，我们好几个人都聚到了一起，将他团团围住，我知道海力布不是一个喜欢恶作剧的人，可是他什么原因都不解释，就让我们搬家，大家肯定不能相信他。其他人你一言我一语，说得海力布急得哭了出来，只见他高举双手，再次说道："我向大家发誓，我说的话千真万确，相信我吧，赶快搬走，再晚就真的来不及啦。"作为村长，看到海力布焦急的样子，我赶紧上前，一把拉住他，同时也让其他人先安静下来，我对海力布说："孩子，我知道你从不说谎，你是我们的好邻居，可是今天你让我们搬家，总得说清楚啊，咱们在这山下住了好几代啦，老老小小这么多人，搬家可不容易啊！"听了我的话，海力布眼神闪动，但是很快，就见他咬了咬牙，坚定地点了点头，目光炯炯地盯着我，高声说："村长，事情是这样的，我前几天打猎时，救下了一只小白蛇，她是龙王的女儿，龙王为了报答我，送给我一块能够听懂动物语言的宝石。今天早晨，我含着宝石去打猎，听到一群鸟儿在议论，今天晚上，这里的大山要崩塌，大地要被洪水淹没。这一切都千真万确，村长，这一切都千真万确，快带着乡亲们搬家逃命吧……"

我越听越紧张，越听越害怕。更可怕的是，我发现这孩子的身体正在逐渐石化，当他说完的时候，整个身子几乎都变成了石头，只能看到他痛苦但是坚定的眼神。我后悔极了，怎么没早听他的话呢，眼泪涌了出来，但是我知道现在不是悲伤的时候，必须马上组织大家逃走，才不会辜负海力布的一片苦心啊。

（学生作业展示）

（三）自由练习

学会了用变换人称的方法，复述第 8 自然段的内容。接下来，可以找一个本课中最喜欢的情节，再试着用这样的方法给小伙伴讲一讲。

（四）作业

用变换人称的方法，试着将《猎人海力布》的故事完整地讲一讲。

【设计意图】这两节课，我们首先梳理主要内容，进行简要复述，再通过详细复述，与学生一起聚焦故事的主要情节，感受主人公勇敢、善良的形象，这是对以往已经习得的复述课文能力的回顾，再安排变换人称的创造性复述，形成一个由易到难，由浅入深的发展梯度。学生在已有的学习基础之上，能相对轻松地达成学习目标，避免出现学习的阶段性断层现象。

第三课时——习作·缩写

（一）创设情境，理解缩写

今天，我们班很荣幸，要在学校的悦读广播时间，为全校同学推荐一则民间故事，但是因为广播时间有限，我们不能将故事完整地读给大家听，但是也不能一句话就带过，还要让同学们喜欢上这个故事，这可怎么办呢？

这时候，就需要我们将故事进行缩写：既要保持故事情节的相对完整又要保持人物的原有特点，保持原文的中心意思不变。

（二）通过对比，领悟方法

方法一：摘录对比朗读《猎人海力布》1—4 自然段的原文与习作中的

缩写，请把原文与缩写一样的部分用"〜〜〜"画出来，原文有而缩写没有的，用"——"画出来。

思考：哪些句子被摘录下来？为什么要摘录这些句子？

（引导学生注意到故事的时间、地点、人物等主要信息，要保留摘录。）

方法二：删减

继续对比，哪些原文中的句子被删除了呢？

（发现：删去的是关于海力布的语句，留下的则是写小白蛇的语句。）

思考：为什么这样？可以结合这个自然段的主要内容想一想。

（通过讨论发现规律：这个段落主要写小白蛇报恩，所以留下的都是些小白蛇的语句。）

总结：通过对比，我们知道了，在缩写时，首先要注意：摘主删次。

方法三：概括改写

继续看1—4自然段，比较原文与缩写，对比两者还有哪些相同与不同？

（引导发现：摘主删次后，留下的部分，可以进行概括。如果遇到主要人物的语言，要转述改写下来。）

（三）比较验证，巩固练习

缩写完成后，还要与原文比较一下，应做到故事完整、重点突出、连贯通顺。

掌握方法后，试着将课文8—10自然段的内容进行缩写。

课堂练习：缩写8—10自然段

海力布不管三七二十一，迫不及待地跑回家，含泪请求大家赶紧搬走。可大家都认为海力布疯了，即使他平时是个诚实的好人。为了得到大家的信任，海力布不得不将得到宝石的经过讲了一遍，他一边说，一边石化了。

当他说完时，自己已经变成了一块石头，大家悲痛地转移了村庄，远离了灾难。后来，村民们将海力布的石头放在了山顶，让子子孙孙都祭祀他。

（学生作业展示）

（四）作业

根据课文内容，给那块叫"海力布"的石头写一段话，简要介绍它的来历。

作业：介绍石头的来历

从前有一个猎人名叫海力布。他热心帮助别人，大家都非常尊敬他！

有一天，海力布救了一条小白蛇，小白蛇说她是龙王的女儿，为了报答海力布带着他去龙宫挑选珍宝。海力布什么珍宝也不要，只要龙王嘴里含着的能听懂飞禽走兽语言的那颗宝石，老龙王低头想了一会儿，便把宝石吐出来，送给了海力布。

小白蛇告诉他："敬爱的猎人，无论动物说了什么话都不要对别人说，如果说了你就会永远变成石头，永远不能复活了。"

有一天，海力布听见几只鸟说他们的村子要发生山洪。

海力布劝乡亲们搬家，乡亲们不听，海力布就把事情原原本本地给乡亲们说了一遍，说完后，海力布就变成了石头，乡亲们平安地撤离了村庄！

（学生作业展示）

【设计意图】读故事，学生最感兴趣的就是故事的情节。民间故事能够口口相传成为经典，很重要的原因是故事性强、情节生动。所以，作为本单元的第一篇课文，在学习民间故事的初始阶段，教师可以先从情节入手，激发学生学习故事的兴趣，再结合本单元习作，对故事进行缩写，使学生能学习提取信息、概括内容、梳理情节的方法，提高语文学习的能力。

二、《牛郎织女（一）》与《牛郎织女（二）》

第一课时——学习方法，整体感知

（一）学习方法

1）出示 46 页语句段应用的例文，比较交流，看看这两段对话有什么共同点？（学生很容易发现，他们写的内容一样）

2）比较，两段对话有什么不同之处？画出第 2 段话中增添的部分。

（引导发现：加入了生动的语言、动作、神态描写，使故事更加具体生动了。）教师小结：今天我们要一起读牛郎织女这个故事，就要试着用这种增加人物对话以及合理情节的方法，来创造性地复述故事。

（二）整体感知

完整地读一读两篇课文，在此基础上扫清字词障碍，并整体感知故事的主要内容。

第二课时——以《牛郎织女（一）》为例，练习创造性复述

（一）回顾方法

上节课，我们共同学习了增加人物对话以及合理情节的方法，今天，我们就要试一试，能不能用这样的方法，讲好牛郎织女这则民间故事。

（二）出示例文

1）孩子们，老师在读这个故事的时候，发现了这样一个情节，写得很简略：课件出示第 4 自然段句子，牛郎常常把看见的、听见的事告诉老牛。

2）于是，老师也想着，自己动手创编一个属于自己的版本，老师是这样写的。

（此时出示老师的范文，同时老师进行创造性复述的示范，可加进动作融入表情。）

教师范文

牛郎常常把看见的、听见的事告诉老牛。快过年了，他看到别人家里张灯结彩、团团圆圆，想到自己现在孤苦伶仃，不由得伤心起来，他抚摸着老牛的脖子，把脸贴在上面，伤心地说："老牛啊，我今天看到张大婶家门前挂上了两个红灯笼，她的小孙子们还吵着要张大婶给他们买糖吃。李大爷今天早早就从地里回家去了，他说马上要过年了，要给孩子们做顿好吃的。老牛啊，有爹娘在的日子真好啊！"说着说着，眼泪情不自禁留了下来。一旁的老牛仿佛听懂了他的话，慢慢把头侧过来，轻轻地用舌头舔了舔牛郎的脸，好像要把他的眼泪舔干净，又好像是想安慰他。

3）组织讨论：老师的复述加入了哪些内容，与原文相比，有哪些变化？

（引导学生发现：教师加入了牛郎日常生活中可能看到的、听到的事，并将它们用人物对话的形式表现出来。使故事更加丰富，更有意思了。）

4）巩固提高：这个故事里，还有一些地方写得也比较简略，可以发挥我们的想象力，进行创造，老师从文章中找到了这些地方，你也可以自己去挖掘，需要注意的是，我们的创造要合情合理。

（学生以小组为单位，互相讲一讲，练一练。）

创造性复述练习

仙女们商量着瞒着王母娘娘去人间看看。织女小声地对其他仙女说："姐妹们，娘娘不是最爱喝葡萄酒吗？不如我们把千年酿的葡萄酒献给王母娘娘喝，趁她喝醉的时候，我们就偷偷地溜出去，到人间看看吧！"众仙女们小声地说："好！这个主意好极了，就这么办！"那天下午，仙女们把千年酿造的葡萄酒献给了王母娘娘，娘娘喝了一点儿，就靠在宝座上睡着了，看样子不见得马上就能醒过来。仙女们见机会难得，就你拉着我，我拉着你，一齐飞向了人间。

（学生作业展示）

4）作业。

感兴趣的同学，可以将自己创编的剧情演一演。

用课上学到的方法，从《牛郎织女（二）》中，选择一个可以创编故事的情节，进行创造性复述的练习。

第三课时——学习以连环画的形式复述故事

（一）展示

请同学们展示上节课的创造性复述的作业。

（二）创编

完整地读一读《牛郎织女》的故事，如果让你给这个故事绘制连环画，你打算画哪些内容？

（引导学生发现，要选择故事的主要情节。）

此外，连环画不仅要有画面，还要配上文字，在固定的画面中，只有通过文字的描述才能让我们更清晰地了解故事的变化，那么该怎么配文字呢？

在研读课文的基础上，可以抓住主要人物的关键动作，当时的心情，还可以加上人物的语言。这样在完成画面后，就可以根据连环画来讲一讲这个故事了。

出示语文书中这个故事的三幅插图，试着为他们配上相应的文字，可以就在图边写一写。

课下，可以继续为这个故事的其他情节绘制插图，配上文字，做成自己的连环画册。

（三）拓展

很多诗人根据牛郎织女的故事，创作了诗歌，读一读语文园地中的《乞巧》一诗。

（四）作业

1）为《牛郎织女》的故事，配上连环画。（选做）

2）试着用我们学过的缩写的方法，将这个故事进行缩写。

【设计意图】《课标》中指出："阅读教学是学生、教师、教科书编者、文本对话的过程。"统编教材每篇精读课文后面的课后练习、略读课文前的阅读提示，都是编者精心安排的，有的点明了课文学习的内容和方法，有的揭示了课文学习的重点和难点。本课的设计，就是充分利用了课后练习和课前提示，指导学生学会运用书本开展学习。此外，进一步的创造性复述的练习，不仅是让学生熟悉课文内容，而且要发挥学生的想象力，在反复的语言训练的背后，进行思维的训练；在学习语言表达、积累句子和语感的背后，也是学生文学审美水平的提升。

第三阶段：拓展延伸，留有余味

举行丰富多彩的汇报展示活动：

一、班级民间故事会

运用本单元学习的创造性复述的方法，分享民间故事，可以设计评价表，拼比故事大王。

二、小型民间故事展

将本单元学习过程中搜集、制作的读书分享卡片、读书笔记、手抄报、连环画等形式的作品，进行集中的小展览，组织同学们参观、赏评。

三、集结片段成册

可以将本次活动中，学生们自己创编的民间故事精彩片段集结成册，形成我们自己的《民间故事集》

四、作品赏析

我们还结合我校"悦读工程"，让学生录制小视频，不仅推荐阅读，还可以在视频中展现自己阅读后的思考，对作品进行赏析，在每周的悦读时间进行年级内播放。

五、引导阅读

引导学生阅读更多外国民间故事作品，将活动持续开展下去。

【设计意图】整合教学不仅要培养学生的理解能力，更要培养学生的实践能力。而实践能力的范畴非常广泛，不仅包括口语表达、书面表达，还包括学生的综合实践活动。成果汇报阶段，我们采用不拘形式的展示形式，引导学生从课内走向课外，从文本走向生活，为学生深度的语文学习奠定了坚实的基础。

第五节 第三学段六年级上册第八单元《走近鲁迅》单元视角下的教学设计

【指导思想与理论依据】

《语文课程标准》中指出："教师应努力改进课堂教学，努力体现语文的实践性和综合性，加强教学内容的整合统筹，促进学生语文素养的整体提高。"统编版语文教材以核心素养为抓手，强调学生在学习过程中的真实体验，关注学科思维的发展，重视提高学生在真实情境中解决问题的能力。要实现这一目标，单元整体教学是一个有效的切入点，也是提升学生综合素养的有效途径。

【单元整体教学背景分析】

六年级上册第八单元以"走近鲁迅"为主题，单元的语文要素是：借助相关资料，理解课文主要内容；通过事情写一个人，表达自己的情感。本单元选取一组有关鲁迅的文章，目的在通过不同的角度，运用不同的方法，引导学生透过鲁迅的作品和别人眼中的鲁迅，感受鲁迅这位"文学巨匠""民族旗帜"的高尚品格和伟大成就，这是培养学生爱国情怀的最好文本。

【单元整体教学目标】

一、课文——《少年闰土》《好的故事》《我的伯父鲁迅先生》《有的

人——纪念鲁迅有感》

1）会写 25 个字，会写 29 个词语。

2）用较快的速度默读课文。有感情地朗读课文。背诵相关段落。

3）借助相关资料，理解课文主要内容。

4）借助课文和资料，初步感受鲁迅的人物形象。

二、习作——有你真好

1）选择一个人，表达自己对这个人的情感。

2）通过对印象深刻场景的描述，把事情写具体。

三、语文园地——交流平台、词句段运用、日积月累

1）总结、交流把握课文主要内容的方法。

2）学习给文章拟标题的方法。

3）从词语展开想象，写一段话。

4）欣赏柳公权的书法作品《玄秘塔碑》，了解其楷书特点。

5）积累鲁迅名言，感受其精神境界。

【单元整体教学流程】

一、单元架构

第一阶段	初识鲁迅——阅读先行，搜集资料，开启学习之旅 教学内容单元主题导入（1课时）
第二阶段	了解鲁迅——借助资料，生本对话，体会人物形象 《少年闰土》《好的故事》（4课时）
第三阶段	走近鲁迅——小组合作，分享资料，感受人物形象 《我的伯父鲁迅先生》《语文园地》（2课时）
第四阶段	亲近鲁迅——自主阅读，交流分享，丰富人物形象 《有的人》《单元主题活动总结》（2课时）
第五阶段	关联写作——学会迁移，借助场景，表达人物情感 习作《有你，真好》（2课时）

二、纵向联系

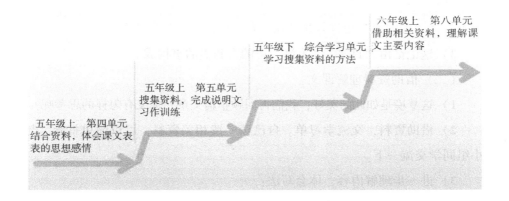

六年级上 第八单元
借助相关资料，理解课
文主要内容

五年级下 综合学习单元
学习搜集资料的方法

五年级上 第五单元
搜集资料，完成说明文
习作训练

五年级上 第四单元
结合资料，体会课文表
表的思想感情

【教学过程】

一、回顾导入

1）谈话引入，回顾课文主要内容。

2）想一想这是怎样的梦境呢？

【设计意图】引导学生整体回顾第一课时学习内容，感受梦境的特点。

二、再次体会梦境的意境美

1）回顾优美语句。这梦境是怎样的美丽、幽雅、有趣？自由读读相关
语句。

2）集体交流。

3）配乐朗读感受美好的梦境。

就是这美好的情境，如果我们生活在这里，是一种怎样的感受呢？

【设计意图】回顾上节课中体现梦境美丽、幽雅、有趣的语句以及梦境
所体现的美好画面。在配乐朗读及视频中，再次加深学生对美好梦境的体会。

三、结合资料，进一步读懂全文

（一）引入阅读链接一

1）梦境背后到底传递了鲁迅先生怎样的思想内涵呢？读懂了什么？

2）组合阅读：

这梦中的生活并不是凭空虚构的，这"美的人"可能是月下刺猬的小闰土。这"美的事"也许就是他在三味书屋读书时发生的趣事。

3）这记忆由"许多""无数"美的人和美的事构成。

（二）借助资料理解课文

1）这梦境是如此的美好，我们再回顾整篇文章，你又有怎样的思考呢？

2）借助资料，交流学习单。自己读一读相关资料，可以简单批画。与小组同学交流一下。

3）进一步理解内容，体会写法：

借助资料感受到原来这梦境越美好，现实就越黑暗残酷。

【板书：梦境、现实】

这样强烈的对比，也是这篇文章很重要的一个表达方法。【板书：对比】

4）鲁迅先生还想告诉我们什么呢？

结合阅读链接中的材料，谈谈你对后两个自然段的理解。

"昏沉的夜"和"好的故事"分别象征了什么？寄托的又是什么？

象征的手法也是这篇文章的一大特点。【板书：象征】

5）谁能完整地说说鲁迅先生在《好的故事》中所表达的思想内涵到底有几层意思？

【设计意图】本环节落实单元语文要素，借助相关资料，理解课文主要内容。组合阅读《少年闰土》和《从百草园到三味书屋》的两个片段，结合着阅读链接让学生体会这美好是真实的，为后续感受"昏沉的夜"与"好的故事"体会对比的写法做好铺垫。结合学生从开始学习本单元这一段时间对鲁迅先生的了解和学习单所提供的资料和阅读链接内容，体会鲁迅先生在梦境中想追求的美好，感受对比这一重要的表现手法。并借助课后第三题品评阅读链接，巩固借助资料理解文章内容的方法，加深对课文最后两个自然段的理解，更深层次地体会到鲁迅先生记录这好的故事、美好的梦境所表达的真实意义，并对鲁迅先生忧国忧民的情怀有所感知。

四、总结提升

1）再识鲁迅：通过今天的学习，你对鲁迅先生又有了怎样的认识？

2）出示鲁迅先生名言。

【设计意图】结合日积月累中鲁迅名言，点出鲁迅先生在中国人思想觉醒和革命道路上不可磨灭的贡献，将鲁迅先生忧国忧民、充满家国情怀的形象牢牢刻印在学生心中。进而通过单元后续课文，让学生从不同角度继续了解鲁迅先生，进而为本单元习作《有你，真好》能够通过印象深刻的场景描述，表达自己对一个人的情感做铺垫。

五、作业设计

基础作业：积累本单元日积月累中的鲁迅名言。

拓展作业：借助相关资料理解《野草》散文诗集中的《题辞》《秋夜》的主要内容。

板书：

好的故事

梦境　　对比　　现实

美丽　　　　　　残酷

幽雅　　　　　　黑暗

有趣　　　　　　无奈

象征（相机出示）

第六节　第三学段六年级上册《童眼探故宫》跨学科主题单元设计

"童眼探故宫"（一）

【教学目标】

1）调动学生自主学习的积极性，培养学生跨学科综合能力。

2）提出研究问题，有目的地阅读相关材料，搜集、整合相关资料，提取重要信息。

3）小组成员分工合作，共同制定本组切实可行的研究计划。

【教学重点】

提出研究问题，有目的地阅读相关材料，搜集、整合相关资料，提取重要信息。

【教学难点】

小组成员分工合作，共同制定本组切实可行的研究计划。

【教学过程】

一、明确主题，回顾前期学习

同学们，这节课我们继续开展"童眼探故宫"的跨学科主题实践活动。

二、提出问题，探讨研究方向

故宫，作为明清两代的皇宫，具有丰富的历史底蕴和文化内涵。美丽的故宫就坐落在我们的东城区，这更增添了我们对它的亲近感。那就让我们再次走进故宫博物院，去领略那精妙恢宏的建筑和 600 多年的历史文化吧。

【视频】

视频中：雕梁画栋，多么美的中国龙！

这红墙琉璃瓦让我们感受到了皇家宫殿的辉煌。

同学们也在展开自己的思考与研究，也参与到了故宫的精品课程中。

梳理前期初步问题内容：课前我们一起就共同感兴趣的话题展开了交流，同学们呈现了一个又一个的研究问题。

有的同学对故宫里的排水系统提出了问题，这是谁的问题？

还有同学对文创产品和故宫里的小神兽很感兴趣。

这又是谁提出的问题？给大家读读。

三、整合问题，交流前期学习内容

1）交流研讨：就这些问题大家进行了重组，我们确定了学习主题，分成了不同的研究小组。那这些问题究竟因何而来？

2）小组内沟通，交流意见。

3）全班交流：

预设交流一：建筑结构牢固性

1）研究问题：故宫的建筑结构牢固性。

2）问题产生的原因：实地考察发现这座皇家建筑历时长，但整体的结构稳定，所以想知道是什么能让它的建筑结构如此牢固？

3）阅读书籍发现问题：

①《了不起的故宫——一期建皇宫》：建筑结构的牢固性非常了不起，究竟是怎样的结构让这样庞大的宫殿能在一次次天灾中屹立不倒？我们小组针对它的建筑结构展开了资料的搜集。

②《紫禁城100》：从卷三中查到故宫的修建包含了八种修建工艺，分别是：木作、瓦作……其中木作、瓦作、土作、石作和整体建筑的结构性息息相关的，其中主要可以概括为熟知的木质榫卯结构以及土石为主组成的坚固地基。

③黑板手绘地基组成图：木桩、填土层、木筏承台、糯米汁层、灰土层、黄土层、碎砖层以及卵石层，这些可以让它像海绵一样吸收大部分的力，从而使它更加坚固，减少坍塌的可能。

④后期思考：我们现在仅对地基的牢固性有了一些了解，那么到底在建筑结构中它的牢固性还体现在哪些方面？像这样优秀的木质结构和牢固的地基，对于现代的一些建筑，比如处在地震带附近的民居、学校，能否有一些借鉴？

师评价：你们看他们小组的这个资源选得多好，能不能回忆起来咱们在《竹节人》那课的学习经历？像这样有目的的阅读对于资料的搜集非常有用。

预设交流二：故宫里的小神兽：PPT展示

1）研究问题：屋脊兽的排列顺序和寓意。

2）产生问题的原因：故宫视频节目吸引人，其中最感兴趣的就是长相各不相同的屋脊兽。

3）与全班同学互动，按顺序说出脊兽的名称

4）书籍阅读：在《这里是故宫——瑞兽脊祥》中我们找到了比较详细的脊兽介绍，我们后期准备一起读一读。

5）后期思考：自古以来有吉祥寓意的瑞兽数不胜数，这些屋脊上的小兽到底有什么特别之处，能够脱颖而出排列在皇家屋脊上？太和殿屋顶上是海马在前，天马在后，但在书中记载的却完全相反。是书中出现了错误还是说这些脊兽的顺序不是完全固定的？

交流三：紫禁城里的小细节

1）研究问题：想知道故宫细节中到底藏了什么秘密？

2）龙生九子：龙生九子，他们的形态的意义都不太相同，选取其中两对进行介绍：

"睚眦"和"蒲牢"（一个好杀戮，凶残，用于刀头装饰；一个胆小爱嘶鸣，用来做钟钮）。

"赑屃"和"负屃"（一个驮碑，一个趴在碑文上）。这些不同的龙子分别代表了什么？背后有怎样的故事？都会运用到什么地方？

3）保和殿后云龙纹大石雕：书籍资料《巧游故宫的60个细节》中提到龙云象征君臣，二者相辅相成。那么故宫中还有那些巧妙地设计暗藏了这种治国理念呢？

4）故宫里的数字：

门钉：门钉有严格的等级规定，随着地位等级的递减，门钉的数量也随之递减，普通百姓家里不能使用门钉。除数量和排列方式外，门钉的材质也有着严格的规定，除了皇宫宫门可以使用铜制门钉外，其他的都只能使用铁质门钉。

九龙壁和保和殿后的大石雕中都是九条龙，最复杂的交楼结构有九梁十八柱七十二脊，这些全是九的倍数，处处体现出皇帝的九五之尊和严格的等级制度。

5）太阳高度角：宫殿的立柱高度和探出屋檐宽度的比例都是3：1；这样的设计完美地起到了冬暖夏凉的作用！

6）后期思考：这些发现对于我们现在的建筑有没有可以借鉴的地方？

四、小组合作，制定切实可行的小组计划

明确任务：同学们从自己的兴趣点出发，围绕着自己的研究问题进行了思考，查了这么多的资料，大家怎样才能进一步解决我们想要研究的相关内容呢？

小组合作：我们还需要发挥小组的团队精神，一起来制定一个本组的研究计划，结合前期的交流，完善计划书。

小组成员共同制定计划。

小组计划交流：

- 研究问题：一日游的最佳路线是什么？

- 核心问题：根据不同的人群需要，确定侧重，制定出一日游的最佳路线。

分问题确定：

①不同人群分别侧重的喜好是什么？

②热门宫殿和建筑分布在哪里？

- 详细计划：

问题的出发点：故宫占地很大，房屋也非常多，有外朝三殿、帝后寝宫、皇家园林、藏书楼堂。要想一日走完是不可能的。可以从以下几个方向进行探索：

1）第一条路：适合喜爱历史的老年人，或第一次来到故宫参观的游客。

①考虑老年人体力、精力，以及对历史和文化的喜好，可以从经典的三大殿沿着中轴线介绍宫殿的历史。（借助语文书中的材料一、材料四）

②后期准备：查找相关宫殿的具体资料，将休息和用餐的位置进行标注，劳逸结合。

2）第二条路：适合网红宫殿拍照打卡的年轻人。

①考虑到现在的潮流：很多年轻人喜欢身穿汉服或者清宫服饰，去故宫拍照打卡，所以想设计一条专门适合他们拍出美丽照片的路线，满足他们的需求。

②首先要确定一些热门的打卡宫殿都是什么，分布在哪里。

③其次要查找一些拍照摄影方面的资料。（景观、光线、位置角度……）可能需要班里摄影社团同学的专业帮助。

④后期准备：找一些拍摄角度好、光线好的地方，补充到这条线路当中来。

3）第三条路：适合全家一起出行的路线。

①考虑到每次全家一起出门的时候，全家人的的需求总是不能同时得到满足，想设计一条全家人能都满意的故宫一日游路线。

②首先要考虑到家里所有人的喜好。

③其次，全家老小一起出游，除了景点设置要精准之外，还要做好一些后勤的准备

呈现方式：

①制作不同的手绘路线图；

②请教信息老师制作电子导览图……

备注：后期为了更好地介绍每一条线路的景点、还需要查找相关宫殿有关历史、文化或者奇闻轶事等资料。

你们看他们在小组交流的过程中，语言的思维的逻辑非常清晰，考虑的非常周全。

五、总结

1）介绍指导教师及可以提供的资源。

2）布置下一个阶段的研究任务。

"童眼探故宫"（二）

【教学目标】

1）根据研究主题，有目的的开展阅读活动以及研究活动，初步形成研究成果。

2）小组展示研究成果，提升跨学科综合实践能力。

3）通过多种途径对故宫进行了解和研究，感受故宫的历史文化，增强民族自豪感。

【教学重点】

小组展示研究成果，提升跨学科综合实践能力。

【教学难点】

通过多种途径对故宫进行了解和研究，感受故宫的历史文化，增强民族自豪感。

【教学过程】

一、回顾导入，创设研究情境

1）回顾学习历程：前一篇课文的学习，我们走"近"了故宫，开启了为期三周的"童眼探故宫"跨学科主题实践活动。让我们一起回顾一下学习历程。

2）开启本节课交流内容：今天我们这节课将进行主题实践活动成果交流。

二、分组交流，汇报研究成果

（一）小组介绍研究内容

1）先请各位组长来简单地向大家介绍一下小组研究内容。

2）每个小组用自己的方式介绍。

随机：

故宫里的小神兽组

故宫建筑历史研究组

故宫一日导游组

故宫的排水系统研究组

我为故宫做文创组

故宫的结构特点研究组

（二）分组交流展示研究过程及成果

1. 故宫建筑历史研究组

1）研究的问题：探秘故宫600年历史，我们心中不禁产生这样的疑问，它是如何保存下来的？

2）交流引导。

预设：从修建初期、准备过程、制作经典等方面来说明。

从历朝历代的修缮情况来说明。

从科学的设计来说明

……

3）引发思考：你们这个组调研的成果，从建筑的经典和历朝历代的修缮角度，让我们了解了故宫能保存下来的几点原因。同学们，听了他们的介绍，你们有什么感受或是想补充的吗？

4）补充：1987年，北京故宫被列入世界文化遗产。世界遗产组织对故宫的评价是："紫禁城是中国五个多世纪以来的最高权力中心，它以园林景观和容纳了家具及工艺品的近9000个房间的庞大建筑群，成为明清时代中国文明无价的历史见证。"

2. 故宫的结构特点研究组

1）研究的问题：故宫建筑的独特之处？

2）交流引导。

预设：建筑的结构特点

防火设施的完善

……

3）问题解决。

预设：查阅资料

请教指导教师

采访专业工作者

3. 故宫里的小神兽组

1）研究的问题：讲述神兽背后的故事。

2）交流引导。

预设：从推荐阅读书籍中找答案

同学们之间的学习资源共享

网上试听资源

……

3）提出新的问题及研究内容。

4. 我为故宫做文创组

1）主要内容：讲一讲自己见到过的故宫元素的文创。

2）交流引导：展示一下自己创作的文创，说一说设计想法。

5. 故宫一日导游组

1）设计创意：根据不同人的需求，设计出不同的路线，说明白设计的线路及设计原因。

2）交流互动：看了他们的设计，你们有什么感受，或是有没有打动你的地方？

……

三、分享感悟、延展研究活动

1）分享学习体会：同学们，看了这么多书籍、资料，听了这么多汇报，你们是否受到了启发，是否在研究上又产生了新的兴趣呢？

2）延展主题研究：希望大家可以沿着这条研究之路继续走下去。学习就是这样，相互分享能够激发新的思考。

| 参考文献 |

［1］ 徐秩．关于统编教科书编排思路与教学建议［J］．小学语文，2019（7）．

［2］ 于智杰．立人为本的小学语文单元整体教学［J］．学周刊，2019（13）．

［3］ 郭建新．向着目标推进的单元整体教学——小学语文单元整体教学和"教学评"一致性的课堂实践［J］．江西教育，2019（5）．

［4］ 陈斌．单元整体教学——小学语文教学的"魔法棒"［J］．名师在线，2019（1）．

［5］ 万银洁，蒋惠琴．结构化的单元学习任务设计［J］．小学语文教与学，2019（8）．

［6］ 郑宇．把握要素之间的关联明确单元教学定位［J］．小学语文，2019（16）．

［7］ 李海林．语文老师如何做科研［M］．上海：上海教育出版社，2019．

［8］ 贾素平．巧问善导，打开策略单元的"预测"大门［J］．小学语文教学，2019（8）．

［9］ 秦开勇．单元整体教学在小学语文教学中的运用研究［J］．课程教育研究，2018（32）．

［10］ 吴亮奎．基于课程整体视角的小学语文教学设计［J］．湖南第一师范学院学报，2018（4）．

［11］阙银杏．单元整体构架下的图片教材教学［J］．温州市教育教学研究，2018（12）．

［12］陈先云．领会编写理念用好部编教材［J］．小学语文，2018（16）．

［13］兰道祥．实施双线组织单元结构存在的问题及对策［J］．小学语文教学，2018（11）．

［14］刘颖．试论小学语文单元整体教学［J］．课程教育研究，2018（17）．

［15］芮琼．清晰目标丰富路径强化联系［J］．江苏教育研究，2017（3）．

［16］石振灵．关注教学设计中单元整体设计［J］．学校教育研究，2016（8）．

［17］陈勤．基于单元整体教学设计的实践研究［J］．小学英语，2015（10）．

［18］范璨．整合视角下语文教学的优化［J］．小学语文教学，2019（9）．

［19］茅赛男．单元整合：指向核心素养的语文教学［J］．小学语文教学，2019（6）．

［20］陈冬寒．价值导向模式下的"策略单元"教学浅释［J］．小学语文教学，2019（6）．

［21］陆冬梅．主题阅读教学策略的实践研究［J］．小学语文教学，2019（6）．

［22］高慧华．借助单元整合教学提升阅读教学效率［J］．小学语文教学，2019（3）．

［23］黄倩如．在童话世界中演绎童话精彩——统编本二下第四单元备课思考［J］．小学语文教学，2019（3）．

［24］刘晶．统编教材三年级下册习作单元编排特点与教学建议［J］．小学语文教学，2019（4）．

［25］李煜晖，郑国民．核心素养视域下的中小学课堂教学变革研究［J］．中小学写作教学，2020（5）．

［26］陈佳美．习作单元的语文要素如何软着陆——以五年级下册习作单元

教学为例 [J]. 小学语文教与学，2020（6）.

[27] 周秀萍. 任务驱动下的语文大单元整合学习的建设路径 [J]. 小学语文教师，2020（8）.

[28] 张洁玲. 单元整体设计下的科学积累 [J]. 小学语文教学，2020（7）.

[29] 张宝萍. 多维链接整合阅读培养语言表达能力 [J]. 北京教育教学研究，2020（4）.

[30] 王梅. 对核心素养引领下小学语文教学的思考 [J]. 小学语文教学，2020（6）.

[31] 黄文峰. 中高年级统编版教材初使用中的目标定位与学情分解 [J]. 小学语文教与学，2020（9）.

[32] 李怀源. 小学语文单元整体教学理论与实务 [M]. 北京：人民教育出版社，2017.